아프리카에는 자폐가 없다

초판 발행   2025년 4월
지은이   최수아
책임편집   오혜교
디자인   OHK
펴낸곳   OHK
출판신고   2018년 11월 27일 제 2018-000084호
주소   경기도 파주시 회동길 219 2층
전화   1800-9386
이메일   soaprecord@gmail.com
홈페이지   www.r2publik.com

ISBN 979-11-94050-26-1 03300

이 책은 저작권법에 따라 보호받는 저작물이므로 무단전재와 무단복제를 금지하며,
이 책 내용의 전부 또는 일부를 이용하려면 반드시 저작권자와 OHK의
서면동의를 받아야 합니다.

아프리카에는 자폐가 없다

아프리카에는 자폐가 없다

최수아 지음

"이 책에는 지난 20년 간의 상담 및 치료로
얻은 자폐 치유의 과정이 녹아있다!"

우리 아이는 정말 자폐일까.
그런데 왜 주변에서는 평생 낫지 못한다고 말할까?
고민하고, 갈등하며 앞으로 나아가지
못하는 **자폐 부모들을 위한 처방전!**

목차

CHAPTER 1 　 우리 아이가 자폐일 리 없어요

자폐의 신호일까, 성장의 과정일까 · 16
둘째 아이의 자폐 증상 · 21
자폐의 이유는 무엇일까 · 34
병원 진단과 자폐증 판정 · 36
자폐를 받아들이는 과정 · 40
한국장애인부모회에서의 깨달음 · 56
자폐의 흔적을 조금씩 지워나가는 것 · 62

CHAPTER 2 　 왜 장애라는 한계를 받아들이시나요

초기 언어 치료의 어려움 · 68
벼랑 끝에서 찾은 길 · 76
무발화센터를 시작하게 된 이유 · 83
발화 수업과 행동 규칙의 중요성 · 98
우리 아이가 말을 할 수 있을까요? · 104

CHAPTER 3   자폐 아이와의 눈 맞춤

아이에게 먼저 허락을 구하세요 。112
발화 훈련을 하는 과정 。116
왜 이런 아이가 내게 태어났을까 。122
자폐는 조기치료가 중요해요 。128
센터에 가면 소리지르는 아이 。135
아이의 입장에서 불안을 이해해주세요 。142

CHAPTER 4   어제보다 나은 내일

불안한 아이는 변화를 주어서는 안돼요 。154
자해하는 아이는 어떻게 해야 하나요? 。164
부모의 헌신이 변화를 만듭니다 。171
자폐 치료에는 골든 타임이 있습니다 。178
자폐라고 너무 쉽게 단정하지 마세요 。193

에필로그 。208

작가의 말

제가 아이를 처음 품에 안았던 순간을 기억합니다. 작은 몸짓 하나하나 경이로웠고, 그저 살아 숨 쉬며, 내 품에 있는 사실만으로도 눈물이 날 것 같던 그때의 감동은 잊을 수가 없지요. 그런데 둘째 아이를 키우며 제 마음 한구석에 작은 틈이 생기기 시작했어요.

아이가 세상을 바라보는 방식이 조금 다르고, 아이의 걸음걸이, 목소리, 그리고 눈빛이 어딘가 남다르다는 것을 깨닫는 데는 오랜 시간이 걸리지 않았습니다. 그 다름을 있는 그대로 인정하는 데는 깨닫는 시간보다 훨씬 더 많은 시간이 필요했고요.

제 아이가 또래 아이들과 다름을 느끼기 시작했을 때, 처음에는 제가 예민한 엄마라서 그런 줄 알았어요. 주변 사람들은 "너무 걱정하지 마라", "아이마다 다르다"라고 위로해주는 말들을 했지만, 그 말들이 왜 그렇게 마음에 와닿지 않았는지. 제 눈에 분명히 보이는 또래와 다른 행동 하나하나, 그 미세한 신호들이 저를 밤마다 뒤척이게 했습니다.

아무리 애를 쓰고 지워 보려고 해도 제 마음속에서 채워지지 않는 퍼즐 조각처럼 또래 아이들과 다름이 무엇인지 정확히 알 수 없어서 저는 끝없는 불안을 안고 살아야 했습니다. 저의 이야기가 시작된 건 이 순간부터였지요.

자기만의 세계에 갇힌 아이를 보며

아이가 자폐라는 걸 받아들이기는 쉽지 않더군요. 아이와 함께하는 일상이 계속될수록 저는 자주 울고, 자주 무너졌습니다. 아이가 눈을 맞추지 않을 때, 자신의 작은 세계 안에서 저 혼자만의 규칙을 반복하며 빙글빙글 돌 때, 제 품을 피해 멀어질 때마다 저는 마치 길을 잃은 사람처럼 막막함을 느꼈습니다. 엄마라면 본능적으로 알 것 같았던 모든 것들이 하나도 알 수 없게 느껴지던 나날들은 절망 그 자체였지요.

그러던 어느 날로 기억합니다. 아이가 불쑥 제게 다가오더니 꼭 안기지는 않았지만 저를 빤히 보면서 웃더군요. 그 순간을 지금도 잊을 수 없어요. 저에게 작지만 큰 의미로 다가왔습니다. 어린이집에 가지 않기로 한 어느 날 아침, 아이는 거실을 빙글빙글 돌기 시작했습니다. 당시 아이는 치료를 6개월 정도 받은 상황이었는데, 여전히 말을 하지 못했고, 저는 지쳐 있었습니다. 그날은 어떤 것도 하고 싶지 않을 만큼 힘든 상태였어요.

평소에는 아이의 이런 행동을 자폐적인 행동이라고 생각하고 화를 내며 "그만해! 하지 마!" 하고 소리 지르곤 했습니다. 그런데 그날은 이상하게도 아이가 불쌍하고 측은하게 느껴졌습니다. 저는 소파에 아이를 바라보며 앉아 있다가 무심코 "엄마 잠시 누울게" 하고 말했습니다. 그리고 저도 모르게 잠이 들었던 것 같습니다.

그때, 누군가가 누워 있던 제 얼굴 가까이 다가왔다가 멀어지는 느낌에 눈을 떴습니다.

아이가 허리를 굽혀 자기 얼굴을 제 쪽으로 들었다가 내렸다가 하며 저를 보고 있었습니다. 그때의 느낌은 마치 아이가 "엄마, 나 엄마가 보여! 엄마가 보여!"라고 저의 눈을 쳐다 보고 있는 듯했지요.

그 순간, 아이의 행동이 저에게 얼마나 큰 울림으로 다가왔는지 모릅니다. 이 아이가 나름의 방식으로 저와 소통하고 제게 다가오려고 애쓰고 있다는 것을 비로소 깨달은 거죠. 그 깨달음은 저를 엄마로서 다시 살아갈 수 있게 하는 힘을 주었습니다.

"빙글빙글 돌고 싶어? 엄마랑 같이 해볼까?"

제가 그렇게 말하자, 아이는 웃으며 다시 빙글빙글 돌기 시작했습니다. 저는 아이를 따라 돌며 "우와, 정말 재미있구나!"라고 말했습니다. 그러면서 같이 열 바퀴쯤 돌았을 때, 저는 너무 어지러워 멈추고 서 있었습니다. 아이는 처음으로 뒤돌아 저를 바라보며 눈을 마주치고 웃었습니다. 둘 사이에 처음으로 이루어진 눈 맞춤이었어요.

그 순간 깨달았습니다. 아이의 눈앞에 펼쳐진 세계는 제가 아는 세계와 달랐지만, 그렇다고 아이의 세계가 틀렸다고 말할 수는 없다는 사실을요.

누군가에게 의미 있는 시작이 되길 바라며

아프리카에는 자폐가 없다고 합니다. 자폐는 산업혁명 이후, 전 세계적으로 여성들의 경제 활동이 늘고 아이들이 자연에서 놀이할 기회가 줄면서 생긴 병이지요. 그런데 왜 아프리카에는 자폐가 없을까요? 아마도 자연친화적인 환경, 이웃 간의 활발한 교류를 통해 아이들이 즐겁고 편안하게 소통하기 때문이 아닐까 생각해봅니다. 아프리카에 사는 아이들의 심성을 닮아 우리 아이들이 아프지 않고 건강하게 자라길 바라는 마음입니다.

이 책은 아이와 함께 살아오며 제가 배운 것들에 대한 기록입니다. 자폐라는 단어에 압도되지 않고, 그 안에서 의미를 찾아가는 제 여정을 담았습니다. 제가 예전에 그랬던 것처럼 한없이 외롭고 불안한 시기를 보내고 있는 부모들에게 이 책이 작은 등불이 되었으면 합니다.

자폐는 벽이 아닙니다. 그것은 아이가 세상을 바라보는 또 다른 창이지요. 그리고 그 창을 통해 보이는 풍경은 어쩌면 우리가 예상했던 것보다 더 아름다울지도 모릅니다. 저는 여전히 그 창 앞에 서 있습니다. 어떤 날은 마음이 흔들리지만, 저는 지금도 아이가 보여주는 세상을 함께 바라보며 배워가고 있습니다.

이 책이 누군가에게 그 창을 여는 작은 열쇠가 될 수 있다면, 그것만으로도 저는 이 책을 쓴 보상을 충분히 받았다고 생각합니다.

2025년 4월
연구실에서

자폐는 벽이 아닙니다. 그것은 아이가 세상을
바라보는 또 다른 창입니다.
그리고 그 창을 통해 보이는 풍경은 생각보다 아름다울지도 모릅니다.

 CHAPTER 1

우리 아이가 자폐일 리 없어요

아이가 말을 하지 않거나, 눈을 잘 마주치지 않거나, 눈길 추적이 어려운 행동을 보이는 경우 부모들은 자연스럽게 걱정을 하게 된다. 아이가 장난감을 특정한 방식으로만 가지고 놀 때도 이러한 걱정은 더 커질 수 있다. 그러나 이러한 행동들은 자폐의 신호일 수도 있지만, 단순히 성장 과정에서 나타나는 일시적인 특성일 가능성도 있다.

발달 전문가들은 자폐스펙트럼 증상이 보통 18개월~36개월 사이에 나타나기 시작하며 이 시기에 진단이 이루어진다고 본다. 그 이전에는 뇌와 신경 발달이 활발히 진행 중이며, 아이의 행동이 변덕스럽고 다양한 패턴을 보이는 것이 자연스러운 현상이기 때문이다.

자폐의 신호일까, 성장의 과정일까

아이를 바라보는 부모의 마음은 언제나 조심스럽다. 아이가 또래와 조금 다르다고 느낄 때, 그 다름이 걱정으로 변하기까지는 그리 오래 걸리지 않는다. 특히 자폐에 대한 이야기가 흔해지고, 관련 정보가 넘쳐나는 지금, 부모들은 아이의 행동 하나하나를 자폐와 연결짓곤 한다.

부모의 걱정은 결국 사랑에서 비롯된 것이다. 하지만 나는 그 걱정을 건강하게 해소하며, 아이를 있는 그대로 바라볼 수 있는 눈을 갖는 것이 중요하다고 강조하고 싶다.

'혹시 우리 아이가 자폐인 걸까?
아니면 성장하고 있는 중인 걸까?'

이렇게 부모가 자폐를 의심하게 되는 이유는 보통 다섯 가지에서 비롯되는데 하나씩 살펴보자.

- ✅ 호명반응
- ✅ 눈마주침, 눈길 추적(포인팅, 조인팅)
- ✅ 의사소통의 어려움(무발화, 언어지연)
- ✅ 사람보다 물건에 대한 관심(집착 및 줄 세우기 등)
- ✅ 반복적인 상동 행동

추가로 아이가 자폐가 아닌지 걱정된다면, 위와 같은 요건에 더불어 다음과 같은 부분도 체크해 보도록 하자.

- ✅ 아이가 사람을 볼 때 관심이 없고 표정변화가 없으면 자폐 스펙트럼 성향이 있을 확률이 높다.
- ✅ 낯선(새로운) 환경에서 불안해하거나 흥분하면 자폐 스펙트럼 성향이 있을 확률이 높다.
- ✅ 특정한 장난감에 집착하지만, 다른 놀이에 관심이 없으면 자폐 스펙트럼 성향이 있을 확률이 높다.

이러한 관찰을 통해 아이가 사회적 상호 작용에 관심을 가지는지, 그리고 감각적으로 얼마나 예민한지 확인할 수 있으며, 빠른 치료 접근을 통해 자폐 스펙트럼 성향을 소거할 수 있다.

아이를 압박하는 부모

혹시 자폐일까 걱정하는 부모의 마음이 독이 될 때가 있다. 바로 부모의 걱정이 아이를 압박하는 도구로 작용할 때이다. 다음의 대화를 살펴보자.

"너 왜 말을 안 해?"
"말을 해야 알지."
"너 왜 울어."
"너 왜 그래."

이런 말들은 부모가 아이에게 일상생활에서 가장 많이 쓰는 표현언어이다.

하지만 말을 못하는 아이는 대답을 할 수 없다. 아이가 대답을 할 수 없는 걸 알면서도 부모는 무심코 이런 말을 하게 된다. 하지만 부모의 말을 듣는 아이는 위축이 되고, 자신이 부모의 기대에 미치지 못한다는 불안과 좌절이 생김과 동시에 흥분이 되며, 상동과 자해도 나타날 수 있다.

부모의 언어는 아이의 성장과 자신감을 결정짓는 중요한 요소이다. 아이가 자폐인지 아닌지를 걱정하기보다는, 아이가 자신감을 느낄 수 있는 환경을 만들어주는 것이 더욱 중요하기에 아이에게 긍정적인 영향을 주는 말로 바꿔줘야 한다.

"자동차를 보는 모습이 정말 멋져."
"우와. ○○야, 이거 정말 잘했네!"
"엄마가 정말 기뻐. ○○이가 이걸 이렇게 해주어서."

→ 아이에게 질문을 하기 보다는 행동을 말로 서술해 주고, 감정언어를 사용해서 부모가 대신 표현을 해주면 아이는 훨씬 더 안정감을 느낄수 있다.

전문가의 도움을 받아라

부모가 스스로 판단하기 어려울 때는 발달 전문가의 도움을 받는 것이 좋은 방법이다. 하지만 중요한 것은 진단이 전부가 아니라는 점이다. 아이의 진단명보다 더 중요한 것은 부모가 아이의 성장 속도를 기다려주고, 격려하며 함께 나아가는 것이다.

또 진단이 나왔다고 해서 그것이 아이의 한계를 정하는 것이 아니라는 사실도 기억해야 한다. 자폐든 아니든, 아이는 부모의 믿음 속에서 자신의 가능성을 키워가기 때문이다.

내 아이가 가진 고유한 특성과 속도를 존중하며, 함께 성장해가는 길을 선택하는 것이 무엇보다 중요하다는 점을 기억하자.

둘째 아이의 자폐 증상

자폐 아이는 갓난아기 때부터 일반 아이들과 다른 신호를 보낸다. 예를 들어, 젖을 먹일 때 대부분의 아이들은 엄마 품에 안겨 몸을 이완하며 평안함을 느끼지만, 자폐 아이들은 온몸에 힘을 준 채 긴장 상태로 젖을 먹는 경우가 많다.

어릴 때 나타나는 자폐 신호의 특징

이런 모습을 본 엄마들은 걱정스러운 마음에 소아과를 찾지만, 그 시기의 아이들에게는 흔한 일이라는 답변을 듣고 끝나는 경우가 많다. 심지어는 엄마가 육아에 너무 신경을 써서 과민하게 반응하는 것이라는 이야기를 듣기도 한다. 나 역시 그랬다. 주변에서 늘 예민하고 과민하게 반응한다는 이야기를 많이 들었다.

내 경우 둘째가 네 살 때 자폐 진단을 받았지만, 그 당시에는 자폐에 대한 정보가 거의 없던 시기였다. 지금처럼 인터넷 검색이나 유튜브 및 인터넷 매체를 통해 자폐 치료에 대한 정보를 쉽게 얻을 수 있던 시대가 아니었다. 2000년대 초반만 해도 자폐는 운명처럼 찾아오는 불치의 병이라는 정도의 인식밖에 없었다. 당시 경험을 이야기해보고자 한다.

둘째에게 분유를 다 먹이고 나서 트림을 시키기 위해 아이를 세워 안으려고 자세를 바꾸려고 하는데, 갑자기 아이가 몸을 공벌레처럼 말아서 내 손에서 바닥으로 '퍽' 소리가 나면서 떨어졌다. 그러면서 큰 울음소리가 들렸는데 울음 길이가 이상하리만큼 짧았다. 이미 첫 아이를 키운 경험이 있었기에, 나는 단순한 사고가 아니었음을 직감했다.

"여보, 우리 애가 좀 이상해. 큰 애랑 다른 것 같아."

걱정스러운 내 말에 남편은 우스갯소리로 이렇게 말했다.

"그야 당신이 유별나게 예민해서 그런 거지."

남편의 말에도 안심이 되지 않아 걱정스러운 마음에 시댁에도 속마음을 털어놓았지만, 돌아오는 답은 남편과 같았다.

"네가 너무 예민한 거 아니겠니?"

시어머니도 그렇게 말했다. 나 역시 첫 아이밖에 키워본 경험이 없어서, 이상하고, 찜찜한 마음은 계속 들었지만, 그저 내 시야가 좁고 과민하다고 스스로를 탓했다. 지금 생각하면, 그러지 말았어야 했는데 말이다.

불안은 점점 커져가고

그 후로는 겁이 나서 아이를 눕혀 놓고 분유를 주었다. 그때는 가만히 누워서 분유를 먹었다. 둘째는 첫째보다 순한 편이었다. 많이 울지도 않았고, 뒤집기도 또래보다 한참 늦었다. 배밀이나 기어가기는 하지도 않았다. 그러다 어느 날 갑자기 상체를 들면서 손을 바닥에 지탱하고, 다리는 개구리 다리 모양으로 접어서 앉더니 며칠 뒤 선반을 잡고 서기 시작했다.

둘째는 서기 시작한 후 곧장 걷기 시작했는데 자세가 유난히 독특했다. 양쪽 발끝은 바깥쪽으로 향해 있고, 무릎을 구부리지 않고 상체를 좌우로 흔들며 걷는 식이었다.

집 밖에 나가서 내 손을 잡고 걸을 때는 이렇게 특이한 모습으로 걷다가, 순간적으로 내 손을 뿌리치고 인도에 있는 가로수 나무들을 손으로 훑으면서 앞만 보고 달리기도 했다.

하루에 두 세번 정도 '아우' 하며 소리를 지르는데 우는 것처럼 느껴지지는 않았고, 마치 하울링 소리처럼 느껴졌다. 처음에는 이유를 몰랐지만, 나중에 '행동 통계 분석(Behavioral Statistics Analysis)[1]'을 알게 된 뒤에서야 배가 고파서 그렇다는 걸 알게 되었다.

지금도 기억하는 것이 둘째는 옹알이를 하지 않았다는 거다. "마마

---

1) 행동통계분석(Behavioral Statistics Analysis)은 개인의 행동이나 집단의 행동 패턴을 정량적 데이터로 측정하고 분석하는 과정입니다. 이를 통해 행동의 원인을 이해하고, 예측하며, 특정 행동을 유도하거나 개선하기 위한 치료를 할 수 있습니다.

마마" 같은 소리를 내지 않고, 그저 "아~", "우~" 하면서 끝이 늘어지고 소리가 작아지며 사라지는 소리를 내며 울곤 했다.

나는 불안한 마음에 친구들에게 물었다.

"우리 아이가 배밀이도 안 하고, 평상시에는 걸음도 이상하게 걷는데, 달리기처럼 걸음이 빠를때가 있어. 옹알이도 잘 안 하고."

친구는 그런 내 걱정을 별 일 아니라는 듯 대답했다.

"그렇게 특정하게 한가지씩 빠른 아이들이 있어. 걱정하지 마."

남편도 자기는 배밀이를 하지 않았다며, 단순히 유전일 거라고 나를 안심시켰다. 하지만 그때의 불안감은 좀처럼 가라앉지 않았고, 오히려 점점 커져만 갔다.

지금 돌이켜보면, 그때 엄마로서 감지했던 아이의 일련의 행동들이 자폐아의 전형적인 특징이었던 것 같다.

천재라고 생각했던 아이

그러던 어느 날부터 둘째는 갑자기 신체 놀이를 시작했다. 빙빙 돌면서 오른손을 허공에서 좌우로 흔들다가 영어 단어를 갑자기 발음했다. 남편과 나는 '엄마'나 '아빠'를 말하지도 못하는데 영어로 갑자기 말을 하니 애가 영어 천재가 아닌가? 하는 생각을 했다. 우리 집은 영어에 관심이 많은 첫째 덕분에 늘 영어 방송을 틀어두었는데, 둘째는 세 살 때부터 화면을 보고 따라 하기 시작했다. "에이, 아~알, 문득 왓쩝 왓쩝…" 남편과 나는 그 모습을 보며 그저 "천재인가 보다!" 하고 감탄했지만, 문제는 그다음부터였다.

둘째는 바닥에 흩어진 영어 단어 카드를 주워 들더니 손으로 대각선으로 흔들며 "슈슈" 하는 행동을 하기 시작했다. '상동 행동(常同行動, stereotypic behavior[2])'의 시작이었다. 상동 행동이란 특정 행동이나 움직임을 의도나 목적 없이 반복적으로 수행하는 행동으로, 신경발달장애나 스트레스 상황에서 더 자주 나타난다. 그러나 당시에는 자폐 증상에 대해 잘 몰랐기에, 그 모습을 보고 단순히 어린 아이가 노는 방식이라고만 생각했다.

둘째는 특히 알파벳 W에 유난히 집착했다. 아침에 눈을 뜨면 더블유를 "에에유!"라고 외치며 온 집안을 헤집고 다니기 일쑤였다. 방에서는 같은 공간을 뱅글뱅글 돌며 달리다가 갑자기 TV 앞에 멈춰 화면을

---

2) 상체를 좌우로 반복해서 흔들거나 손이나 팔을 상하로 반복적으로 움직이는 행위, 동일행위를 계속 반복하는 것

두드리며 "아우~! 아우!" 이렇게 표현을 했다.

나는 그때부터 아이가 말을 하지 않는 것이 점점 더 불안해지기 시작했다. 그리고 언어치료로 말을 시작한 아동들에 대해 수소문하며, 비슷한 상황을 겪고 있는 엄마들을 찾아가 궁금한 점들을 물어보기 시작했다.

그때 만난 사람이 성준이 엄마다. 자폐 아이를 키우던 성준이 엄마의 말에 의하면 성준이는 책에 몰두한다고 하였다. 엄마가 부르면 대답 대신 엄마의 말을 그대로 따라 했다. "성준아, 엄마가 부르잖니?" 하면, "성준아, 엄마가 부르잖니."라고 반향어를[3] 반복했다. 성준이 엄마는 아이가 숫자에 민감하다고 말했다. 1부터 100까지 숫자판을 나열해 두고, 두 개를 빼놓으면 금세 알아차리는 모습을 보며, 아이가 머리가 좋다고 생각했었지만 병원에서는 자폐라는 진단이 내려졌다고 했다.

그 이야기를 듣고 둘째를 바라봤는데, 그 순간 하늘이 무너지는 것 같고, 정말 슬펐다. 아이에게 '더블유'라는 알파벳이 왜 그렇게 특별한지, 왜 상동행동을 끝없이 반복하는지 알 수 없었다. 나는 그 행동들 뒤에 무엇이 숨겨져 있는지 이해하지 못했고, 그런 자신이 답답했다. 무엇인지는 모르겠지만 아이가 보내는 신호를 놓친 것 같아 가슴 깊은 곳이 서서히 내려앉는 듯했다.

---

[3] 반향어(반향어증)는 에코라리아(Echolalia)라고도 하며, 다른 사람이 말한 단어나 문장을 그대로 따라 말하는 것을 의미합니다. 자폐 스펙트럼 장애(ASD)나 일부 신경학적 장애(투렛 증후군, 뇌 손상, 치매 등)에서 흔하게 나타날 수 있습니다.

'엄마로서 나는 무엇을 놓치고 있는 걸까?
왜 그저 지켜보기만 했던 걸까?'

이런 생각을 하다가 '상동 행동'이라는 말을 처음 들었을 때의 마음이 떠올랐다. 그 단어는 차가운 돌처럼 마음에 툭 떨어졌으며, 현실을 겨누는 칼끝 같았다. 아이의 행동이 단순한 장난이 아니라는 것을 깨달았을 때, 나는 '이제는 아이의 세계를 이해해야 한다'고 생각했지만, 그 세계는 나에게 너무 멀게만 느껴졌다. 나는 여전히 문턱에 서 있었고, 문 너머에서 들려오는 아이의 목소리는 분명히 나를 부르고 있었지만, 나는 그 문을 열 수 없었다.

아이는 TV 앞에 앉아 화면을 두드리며 "아~우"라고 외치고 있고, 그 모습이 눈앞에 선명하게 다가왔는데도 나는 무엇을 해야 할지 알 수 없었다. 지금 생각해 보면 둘째는 그때 자기가 할 수 있는 말을 하고 있었음에도 그 때는 말이라고 전혀 생각도 할 수 없었기에 "조용히 해! 말을 해야지!"라고 화만 내며 불안해하고만 있었던 것 같다.

아이와 나 사이에는 무거운 침묵과 보이지 않는 벽이 서 있었다. 나는 그 벽을 마주하고 있었다. 벽은 견고했고, 그 앞에서 나는 한없이 작아지고 있었다.

화장실에서 씻는 걸 싫어하는 아이

둘째는 화장실에 가서 씻는 것을 유난히 싫어했다. 머리를 감기기 위해 목을 받쳐 욕조 앞에 눕히면, 두 눈에 공포심이 가득 차 있는게 보였다. 당시에는 몰랐지만, 시간이 지나고 나서야 목욕할 때마다 이렇게 힘들어했던 이유가 특이한 감각 반응 때문이라는 것을 알게 되었다. 둘째에게는 목 뒷쪽 신경에 과민 반응이 있었던 것이다.

둘째는 3~4살이 되면서 몸의 모든 감각이 예민과 둔감을 오가는 극단적인 변화를 보이곤 했다. 자폐 증상이 있는 아이들에게서 흔히 나타나는 독특한 행동들도 이 시기에 자주 관찰된다.

둘째를 놀이터에 데리고 가면 흙이 있는 곳을 귀신같이 찾아내 갑자기 강아지처럼 땅을 파기도 했다. "땅 파면 좋아?" 내가 물으면, 대답은 하지 않고 오직 땅 파는 행위에만 몰두했다. 그러다가 어느 순간에 흙을 입속에 집어넣어 먹기도 했다.

이런 행동을 '이식증(pica)[4]'이라고 부른다. 이는 먹을 수 없는 특정 사물을 입으로 가져가거나 삼키는 행동으로, 자폐 증상의 일환으로 나타날 수 있다.

둘째는 내가 흙 먹는다고 혼내고, 화난 표정으로 쳐다보고 있으면 행동을 멈추었지만, 잠깐 다른 곳에 시선이 가면 재빨리 모래를 입속에

---

4) 이식증(Pica, 異食症)은 영양가가 없는 물질(흙, 종이, 비누, 머리카락, 얼음, 페인트 조각 등)을 반복적으로 먹는 섭식 장애로 주로 발달장애가 있는 사람들에게 나타납니다.

넣어 삼켰다. 다행히 그렇게 삼킨 모래는 배변으로 배출됐지만, 이런 행동들은 나를 늘 불안하게 만들었다.

눈 맞춤 및 호명반응 못하는 아이

자폐 증세를 보이는 아이들은 공통적으로 '눈 맞춤'이 안되거나 눈을 응시하는 시간이 짧다. 둘째도 마찬가지였다. 내가 둘째 아이 이름인 "수재" "수재야~엄마 봐야지!" 하고 아무리 이름을 불러도 나를 쳐다보지도 않고, 하던 행동을 반복하기만 했다. 아주 드물게 간혹 가다 한 번씩 쳐다볼 때가 있기도 했는데, 그럴 때는 고개를 오른쪽으로 살짝 누르며 양쪽 눈동자가 왼쪽 끝을 향해 있는 모습으로 쳐다 보았으며, 응시 시간도 매우 짧았다.

하지만 가끔 낯선 사람을 만나면 눈을 크게 뜨고 상대를 뚫어져라 바라보다가, 코를 찡그리며 고개를 갸웃거리기도 했다. 그때 나는 아이의 이런 행동이 문제의 신호인 것을 감지했지만, 그것이 자폐 증상일 거라고는 미처 생각하지 못했다.

아마 처음 자폐 증상을 겪는 부모들이라면 나와 같을 것이다. "그냥 말이 좀 늦는 아이겠지." "자기 나름대로 노는 거겠지." 이렇게 생각하며 넘겨버리기 쉽다.

그러나 부모가 문제의 신호를 눈치재지 못하고, 시간이 흐른 후 자폐를 알아차린 시점에는 이미 자신만의 세계로 깊이 들어가 있는 경우가 많다. '자폐(自閉)'라는 단어는 '자기 안의 세계에 갇힌다'는 뜻을 담고 있다. 방 안에서 TV를 틀어놓고 알파벳 W를 하염없이 찾았던 둘째 아이처럼, 다른 많은 자폐 아이들은 눈앞의 놀잇감에만 몰두한 채 주변 세계에 대한 관심을 차츰 거두어들인다.

자폐아이의 수면이 불규칙한 이유

자폐 아이들 중에는 잠드는 것이 어렵거나, 잠을 깊게 자지 못하는 경우가 많다. 밤이 되면 두세 시간마다 깨서 주변을 돌아다니는 행동을 반복한다. 둘째도 몇 번 이런 상황을 겪고 나서 '이대로는 안 되겠다' 싶어, 그 후로는 아이를 업고 노래를 불러주며 재웠다. 방문을 잠그고, 침대 바닥에서 이불을 깔고 함께 누워서 잘 수 있게끔 공간 확보를 한 후에 보호장치를 만들었다.

둘째는 이후부터는 잠에서 깨도 돌아 다니지는 않고 뒤척이기만 했다. 상의가 목까지 올라와 있었는데, 저체온증이 온 것처럼 아이를 만져보면 너무 차가워서 매일 밤마다 놀라며, 전신 마사지를 해줘야 했다.

체온이 떨어지는 증상은 5살 무렵부터는 사라졌으나, 밤마다 깨서 뒤척이며, 3시간 이상 연속 취침은 어려웠다. 현재는 자폐증상이 없기 때문에 8시간 이상 통잠을 잔다.

지금 돌이켜보면, 어쩌면 내가 그 당시 수재를 충분히 안아주지 않아서, 불안한 마음이 수재에게 영향을 미치지 않았을까 하는 생각이 든다. 그런 생각이 들 때면 후회가 물 밀듯이 밀려온다.

자폐의 이유는 무엇일까

 자폐의 원인은 다양하지만, 나는 주변 사람들의 반응과 행동도 아이가 자신의 폐쇄된 공간을 유지하려는 이유 중 하나일 수 있다고 생각한다. 내 경우 시댁에서 둘째를 반겨주지 않고 거부했으며, 내가 둘째를 데리고 찾아가도 아이를 결코 안아주지 않았다. 그런 시댁 식구들의 거부감과 그 상황에서 시댁의 눈치를 보며 긴장했던 내 모습이 아이의 발달에 불안감을 주었으리라 생각한다.

 솔직히 말하자면, 시댁에서 나를 별로 달가워 하지 않았고, 첫째가 태어났었을 때에도, 손자의 탄생을 인정은 하지만 첫째를 예뻐하는 느낌은 전혀 들지 않았기에 둘째를 임신했을 때 시댁으로부터 환영받지 못할 것을 알고 있었다. 그래서 아이에 대해 부정적인 감정을 지니고 있었던 것도 사실이었다. 지금 돌이켜보면, 당시 자녀 문제와 시댁 문제로 잦은 부부싸움을 했고, 그것이 아이들에게도 영향을 미쳤던 것 같았다.
 그 즈음 둘째의 특이한 행동은 점점 더 늘어갔다. 한 번은 혼자서 벽의 모서리를 보고 깔깔거리며 웃는 모습을 본 적이 있었다. 당시에는 아이가 왜 웃는 것인지 몰랐지만, 나중에 한 자폐아의 자서전을 읽고 나서야 알게 되었다. 이는 [5]'시지각 감각교란(Visual Perception Sensory

---

[5] 시지각 감각교란(Visual Perception Sensory Disturbance)은 시각 정보를 정상적으로 받아들이고 해석하는 능력이 일시적이거나 지속적으로 왜곡되는 상태를 의미합니다. 이는 신체적, 신경학적, 심리적 요인 등 다양한 원인으로 인해 발생할 수 있으며, 일상생활에서 시각적 자극을 처리하고 반응하는 데 어려움을 유발할 수 있습니다.

Disturbance)'으로 불리는 현상이었다.

둘째는 부모의 얼굴이 모서리 부분에서 마치 공중에 얼굴이 떠 있는 것처럼 보이는 시각 교란이 나타나서 웃은 것이고, 계속 깔깔 거리며 웃음을 스스로 멈추지 못하는 것 또한 소리 감각 교란이 발생한 것이다. 이 또한 자폐아들의 특징 중 하나이다.

병원 진단과 자폐증 판정

"그러지 말고 병원에 가봐. 남편 친구 아들이 자폐 진단을 받았는데 수재(둘째 아이 이름)랑 좀 비슷한 부분이 많이 있는 것 같아. 걔는 치료를 1~2년 받고 또래 애들이랑 비슷해졌대."

그 무렵 친하게 지내던 언니가 병원 진료 권유를 했는데, 그 말을 듣고서는 너무 기분이 언짢았다.

내가 아이를 키울 당시에는 소아정신과의 부재로 인해, 자폐 검사를 받으려면 성인 정신과를 방문해야 했다. 이런 상황은 부모들에게 큰 부담이었다. 아이가 정신 이상자로 낙인찍힐까봐 두려워 병원 방문을 주저하는 경우가 많았다. 나 역시 아이의 발달 상태가 비정상적으로 느리다는 것을 느꼈지만, 가족 내에서조차 문제를 인정받지 못하는 상황에 병원을 방문하기는 쉽지 않았다.

남편에게 언니의 말을 전했다. 남편은 둘째의 발달이 단지 느린 것뿐이라며 상황을 심각하게 받아들이지 않았다. 하지만 아이가 상동 행동을 반복하고, 모서리를 쳐다보며 웃는 행동을 할 때마다 나는 미칠 것만 같았다.

병원을 방문할 수 있었던 결정적인 계기는 남편 동창회 모임에서 벌어졌다. 둘째가 남편 동창들이 대화를 나누고 있는 사이, 소주잔을 다 가지고 와서 나란히 정렬하는 행동을 보고, 남편의 친구가 남편을 밖으로 불러내 "수재가 아픈 것 같지 않냐?"고 말하며 자폐에 대해서 남편에게 언급했다고 하였다. 그제야 상황이 단순하지 않다는 것을 남편도 인지하게 되었다.

병원 진료 받기로 남편과 약속을 했지만 병원에 가는 소식을 시어머님이 알게 되는 바람에 병원 진료가 무산이 되었다. 나는 둘째가 첫돌부터 이상함을 감지했었지만, 이미 수재는 4살이나 된 상황이었다. 주변에서 병원 가라는 말까지 계속 하는 상황에서 더 이상 기다릴 수 없었다. 이혼을 각오하고, 절박한 마음으로 이혼 서류를 준비해서 남편을 설득했고 결국 남편과의 갈등 끝에 수재의 검사를 받기 위해 병원을 방문하기로 결심했다.

자폐 진단이 내려지다

병원에서는 아이의 행동을 관찰하고 발달 상태를 평가했다. 아이는 놀잇감을 나란히 정렬하거나 특정 사물에 집착하는 행동을 보였으며, 말을 하지 못해 의사소통이 불가능한 상태였다. 한 달간의 검사 끝에 진단이 내려졌는데 그 당시에는 '자폐 스펙트럼 장애'라는 진단명이 없었기에, 둘째의 진단명은 "자폐증"이었다. 진단을 받은 우리 부부는 큰 충격을 받았지만, 그제야 문제를 명확히 인식하게 되었다.

그때와 달리, 요즘은 자폐 진단 과정이 더 세밀하고 신중하게 이루어진다. 과거에는 "자폐증"으로 바로 진단되던 사례들이, 이제는 "발달 장애" 또는 "자폐 스펙트럼 장애"으로 구분된다. 이는 자폐의 다양한 성향을 반영하여 아이의 발달 가능성을 열어두는 방향으로 변화되었다.

◇ **자폐 스펙트럼과 자폐증의 차이**

자폐 스펙트럼은 자폐라는 틀 안에서 다양한 발달 상태를 포괄하는 개념이다. 스펙트럼 성향이 있는 아이는 발달 지연이 있을 수 있지만, 치료와 훈련을 통해 일반화된 행동을 보일 가능성이 있다. 반면, 자폐증은 확정적인 진단으로, 아이가 자폐로 살아갈 것임을 뜻한다. 이처럼 진단 기준과 용어는 과거와 현재 사이에 큰 변화를 겪었다.

자폐 스펙트럼은 자폐가 아니다

요즘 부모들은 과거보다 더 빨리 병원을 방문하고, 진단을 통해 자녀의 상태를 파악하려 한다. 하지만 섣부른 진단보다는, 아이의 발달 과정을 지속적으로 관찰하며 적절한 지원을 제공하는 것이 중요하다.

[6]자폐 스펙트럼 성향이 있는 아이들은 전문가의 치료를 통해 사회적 소통 능력이 회복되면 자폐 스펙트럼 성향이 약화되거나 특정 영역에서 강점을 보일 가능성이 있다. 이러한 변화는 일반 아동으로 성장할 수 있는 기회가 있기에 부모들은 더 큰 희망을 갖게 된다.

물론 내 아이의 자폐 관련 진단은 부모에게 큰 충격을 줄 수 있다. 하지만 진단명 자체에 좌절하기보다는, 부모가 아동의 발달 상태를 이해하고 표현 언어와 행동에 맞춘 적절한 조치를 취하는 것이 훨씬 더 중요하다. 과거와 달리, 요즘의 자폐 진단 과정은 더 신중하며 다양한 요인을 고려하는 방향으로 변화하고 있기에 자폐 스펙트럼을 이해하는 것은 아이의 가능성을 키우기 위한 중요한 첫걸음이다. 부모의 긍정적인 자세와 꾸준한 지원이 아이의 성장에 큰 변화를 가져올 수 있다.

---

6) '자폐 스펙트럼 성향'은 자폐 스펙트럼 장애(ASD)의 특성을 약간 또는 일부만 가지는 상태를 의미하며, 특정 상황에서 나타나는 행동적·인지적 경향을 포함합니다. 이는 자폐 스펙트럼 장애와는 구분되는 개념으로, 아이의 상태와 발달 가능성을 보다 넓게 바라보게 합니다.

자폐를 받아들이는 과정

병원에서 자폐증 확진을 받은 후, 나는 의사에게 물었다. "자폐를 고칠 수 있는 약이 있나요?" 당시 나는 자폐증을 단순한 질병으로 여기며, 약물 치료로 해결할 수 있을 것이라고 생각했다. 그러나 의사는 단호히 말했다. "약이 있었다면, 자폐 진단 받은 아이가 다시 병원에 올 필요가 없었겠죠." 둘째 진료 전에 진료를 받은 한 아이의 경우 3년 전 자폐 진단을 받고, 재 진단을 받으러 병원을 방문했다는 말도 들었다. 그 말을 듣고서야, 자폐가 단순히 아픈 상태가 아니라는 것을 이해하기 시작했다.

◇ **최수아 원장의 조언**

아이가 자폐라는 걸 안 부모의 반응은 대개 비슷합니다. 처음에는 자식이 자폐임을 눈치채지 못한 스스로에게 분노를 하죠. 그리고 내 자식에게 자폐 검사를 받아보라고 권한 주변 사람들에게 그 분노가 옮겨갑니다. 그리고 그 화를 자신도 모르게 주변 가족에게 풀기도 하죠. 이 또한 현실을 받아들이지 못하는 거예요. 엄마는 스스로에게 내 아이의 상태를 객관적으로 받아들일 시간을 가질 필요가 있습니다.

자폐가 아닌 상태로 돌아갈 수 있을까

의사는 여러 발달센터와 조기 교육센터 목록을 제공하며 가능한 치료 프로그램을 추천했다. 그러나 나는 "치료가 효과가 있을지 확답을 줄 수 없다"는 말에 크나큰 좌절감을 느꼈다. 자폐증이 완치될 가능성에 대해 묻자, 의사는 이전의 경험을 이야기하며 냉정하게 대답했다.

"어머님, 아이가 완치될 가능성은 없습니다. 말은 할지 안 할지 모르겠고, 한글을 뗄 가능성도 낮습니다. 아이큐가 낮아서 기호를 이해하지 못할 수도 있습니다. 최대한 현실적인 기대치를 가지시는 게 좋습니다. 지적장애를 동반한 자폐라고 생각하시는 편이 좋을 겁니다."

나는 그 말이 마치 아이를 포기하라는 말로 들렸다.

치료를 받은 후에도 여전히 사회성이 부족하거나, 눈맞춤이 되지 않는 아이들의 사례들을 의사 선생님에게 듣고 나자 혼란과 절망감을 느꼈다.

나는 아이의 진단을 받아들일 수도 없었고, 둘째의 이상 행동이 뇌에 문제가 있기 때문이라는 의심을 떨칠 수 없었다. MRI 검사를 요청했으나, 결과는 허탈했다. "뇌에 이상이 없으니 MRI 촬영은 필요가 없다."라는 것이었다.

의사는 뇌에 구조적 손상이 없는 경우, 행동이나 발달 문제는 뇌의 기능적 문제나 신경 연결의 미세한 이상에서 비롯될 수 있다고 설명했다. 그러나 뚜렷한 해결책을 제시해 주지는 못했다.

자폐 진단은 아이의 상태가 좋아지면 재검사를 통해 다른 방향으로 진단이 변화할 가능성을 확인하는 것에 불과하다.

둘째가 자폐 진단을 받은 이후, 나는 자폐가 단순한 방법으로 고칠 수 있는 질병이 아니며, 아이의 발달 가능성을 믿고 장기적인 관점에서 접근해야 한다는 것을 깨달았다. 치료 과정에서 부모의 역할은 단순히 전문가에게만 의존하는 것이 아니라 부모와 전문가가 같이 아이의 특성을 이해하고, 적절한 지원과 자극을 제공하는 것이다.

이 과정은 지속하기 어렵고, 결코 쉽지는 않다. 나 역시 좌절과 희망이 매일 매일, 매순간마다 공존했다. 둘째가 자폐증인 상황으로 평생을 살아가게 할 수 없기에, 오늘보다 나은 삶을 살게 하고 싶었다. 이때부터 나의 최종 목표가 생겼다.

'수재가 성인이 되었을 때 혼자 자립할 수 있게 대기업 A회사에 입사를 시켜주자.'

내 말에 주변 사람들은 다들 비웃었지만 나는 포기하지 않았고, 수재는 현재 대기업 A회사에 재직 중이다.

발달센터와 조기 교육센터

모든 자폐 진단을 받은 아이의 부모가 그러하듯, 나 역시 집 근처 발달센터나 조기교육센터(현 장애전담반)을 찾기 시작했다. 조기교육센터에서의 치료는 언어, 놀이, 음악 치료를 포함한 다양한 프로그램으로 구성되어 있었다. 아이들은 오전에는 그룹 수업을 받고, 필요할 경우 개별 치료를 추가로 받을 수 있었다. 치료의 목표는 언어와 사회성을 조금씩 발전시키는 것이었다.

다섯 살 또래의 아이들이 어린이집이나 유치원에 다닐 시기였지만, 둘째는 조기교육센터에 다니고 있었다.

조기교육센터에서는 "꼴찌"라는 평가를 받았다. 선생님은 "아이에게 말귀를 알아듣는 연습부터 시작해야 한다"고 말했다. 하지만 수용 언어를 어떻게 훈련해야 할지 몰랐다.

"수재야!"하고 불러도 돌아보지 않고, 의자에 앉혀 놓아도 금세 일어나 뛰어다니는 아이의 행동이 한 달, 두 달, 세 달이 지나도 변하지 않는 모습을 보며 마음속 불안은 점점 더 커져만 갔다.

'말을 이해하지 못하는 것, 이게 중증이라는 뜻인가...'

나는 속으로 이 말만 하면서 머릿속이 복잡해졌다.

덩치가 큰 다섯 살인 둘째를 업고 조기교육센터에 다니며, 그것이 내가 아이에게 줄 수 있는 최선의 사랑의 표현이라고 믿었다. 하지만 그

사랑이 정말 올바른 방향이었는지, 그것이 아이에게 도움이 되었는지 여부는 시간이 지나고 나서야 알게 되었다.

믿음으로 기다리는 시간

조기교육센터에서 만난 다운증후군 장애를 가진 어머니는 나와 다른 방식으로 아이를 대하고 있었다. 아이를 위해 매일 아침 40분 일찍 센터에 도착해 걷는 연습을 시키고, 스스로 계단을 오르게 도와주는 모습을 보며 많은 생각을 하게 되었다. 그 어머니는 아이가 복근과 다리에 힘을 키우기 위해 계단 오르기를 통해 근육 훈련을 하고 있었다. 단호한 태도와 엄격한 지도를 하였고, 훈련이 끝나면 아이에게 격려와 위로를 하며 따뜻하게 안아주는 식이었다.

훈련 모습을 물끄러미 바라보고 있는 나에게 아이 어머니가 다가와 말을 건넸다. "장애를 받아들이고, 아이의 발달 단계에 필요한 언어, 인지, 소근육, 대근육 중 우선순위를 정하세요. 언어와 인지는 전문가에게 맡기고, 소근육과 대근육은 엄마가 반복적으로 연습시키면 보완할 수 있어요. 그러다 보면 아이에게 시급한 부분이 무엇인지, 그리고 어떻게 도와야 할지 보이기 시작할 거예요. 엄마가 바뀌어야 아이가 바뀌어요."

이 한마디는 그동안의 내 모습을 돌아보게 하는 계기가 되었다. 내가 수재를 업고 다니는 것이, 오히려 수재의 자립을 막고 있는 것은 아닌지, 아이를 위한 길이 아니라 내 편안함을 위해 행동하고 있는 것은 아닌지를 말이다.

그 순간 나는 "엄마가 바뀌어야 아이가 바뀐다"는 말을 받아들여야

했다. 그날 이후, 수재를 업지 않기로 결심했다.

손을 뻗으며 울부짖는 아이의 모습을 보며 내 마음은 무너졌지만, 이것이 둘째의 자립을 위한 첫걸음이라는 것을 알았다. 둘째를 스스로 서고 걷고 달리게 만드는 과정은 단순히 걷는 연습을 넘어, 엄마인 내 자신이 변화하고 성장하는 과정이기도 했다.

둘째는 양발을 바깥으로 벌리고, 허리를 오른쪽, 왼쪽으로 흔들며 걷기 시작했다. 손을 양쪽으로 벌린 채, 무릎을 들지 않고 천천히 걷다 멈추곤 했다. 반면, 달릴 때는 무척 빠르게 움직였다. 바로 서서 걷는 것이 서툴렀지만, 매일 집에서 배밀이와 기기 연습을 반복했다. 꾸준한 노력 덕분에 조금씩 바로 서서 걷기도 했다.

바로 서서 걷기를 시작한 뒤 계단 오르기에도 도전하였으나 난관이었다. 며칠을 노력을 해도 계단을 오르지 못했다.

내 노력이 부족한건지, 어떤 노력을 더 해야 하나 고민을 하고 있던 내게 다운증후군 장애를 가진 아이 어머니가 말했다.

"노력이 부족한 게 아니라, 단호함이 없어서 그래요."

그 말을 듣고, 다시 처음으로 돌아가 계단에서 걸음을 떼게 하는 훈련을 시작했다.

계단에 둘째를 내려놓자 난간을 잡고 움직이지 않고 서 있길래, "엉

덩이에 힘을 줘야 해"하며 엉덩이를 밀어주고, "다리 들어, 무릎을 들어"라고 말하며 뒤에서 아이의 다리를 들어주는 연습을 반복했다. 그리고 그때마다 "우리 수재는 다리도 잘 들고 운동도 잘하네!"라며 칭찬을 아끼지 않았다.

꾸준한 노력 덕분에 아이는 점차 혼자 계단을 오르고 내릴 수 있게 되었다. 힘들고 지칠 때도 있었지만, 함께 한 노력의 성과가 나타나니 아이에게 그저 고마운 마음이 들었다.

아이를 위해 여벌 옷을 매일 준비해 다니며, 조금씩 더 자립할 수 있도록 훈련을 이어갔다. 수재와 함께 성장하며, 장애를 넘어서기 위한 작은 성공들을 쌓아가고 있었다.

어린이집 입소에 성공하다

9개월이 지나자, 어린이집에서 통합반에 입소가 가능하다는 연락을 받았다. 일반 아이들과 함께 지내는 것이 둘째에게 긍정적인 영향을 줄 것이라는 기대감이 생겼다. 하지만 조기교육센터 선생님은 "아직 수재가 준비되지 않았다"며 부족한 부분을 지적하며 반대했다.

그럼에도 나는 수재를 통합 어린이집에 보내기로 결심했다. 일반 아이들 틈에서 보고 배우는 것이 수재에게 좋은 자극이 될 것이라 믿었기 때문이었다.

조기교육센터의 경험은 내가 둘째와 함께하는 방식뿐만 아니라, 나 자신을 바라보는 시각까지 바꿔 놓았다. 장애라는 현실을 받아들이고, 그 안에서 아이와 함께 성장하기 위한 프로그램을 만들어가는 것이 엄마로서 내가 할 수 있는 최선임을 배우게 된 것이다.

통합 어린이집에 간 아이는 조금씩 달라지기 시작했다. 처음에는 긴장된 표정으로 세상을 바라보던 아이가 점차 웃기 시작했다. 어린이집에 가는 것을 좋아했고, 하원할 때는 나오기 싫어할 정도였다.

나는 둘째가 어린이집에서 등원할 때 같이 가서 하원할 때까지 어린이집 앞에 벤치에 앉아서 매일 기다리고 있었다.

어느 날 나를 보고 어린이집 관장님이 말했다.

"여기에 앉아 있으면 아이가 달라져?"

"아이가 밖으로 뛰쳐 나올까봐 불안한 마음에 여기를 떠나지 못하 겠어요." 내가 그렇게 말했더니 원장님이 대답했다.

"수재는 행복해해. 친구도 쫓아다녀, 그리고 "안녕" 하고 인사하면 나를 쳐다보고 고개를 숙이며 인사도 해."

나는 그 말을 듣고 깜짝 놀랐다. 수재가 사회성이 생겼다는 뜻이니 말이다. 관장님은 이어서 말했다.

"사람들은 말을 참 어렵게 생각해. 나는 말이 참 쉬운데..."

그러면서 미국 유학 시절의 생활을 들려주었는데, 당시 관장님은 영어 회화를 하나도 못하는 상황이었다고 한다. 미국은 명사 단어로만으로 의사 소통이 되었다는 이야기를 관장님께 전해 듣고, 문득 내 머릿속에서 그런 생각이 들었다.

'그렇다면 수재도 단어만 말을 해도 살아갈 수 있겠구나.'

낯선 환경에 대한 불안

통합 어린이집으로 변경하면서 발달센터에 등록을 하기로 마음을 먹고, 발달센터를 방문했다. 둘째를 데리고 발달센터로 향하는 것이 결코 쉬운 일이 아니었다.

버스에서 내리는 순간, 아이는 낯선 환경에 놀란 듯 온몸이 바짝 긴장했다. 나는 그런 둘째의 작은 손을 꼭 잡으며 부드럽게 말했다. "괜찮아, 엄마랑 같이 가자."

하지만 센터 입구에 가까워질수록, 아이는 발걸음을 멈추고 뒤로 물러섰다.

센터 방문 첫날, 둘째는 상담실에서 내 곁을 떠나지 않았다. 상담실 한쪽에는 작은 장난감 자동차와 블록들이 놓여 있었다. 상담사는 아이의 손에 작은 자동차를 건네며 말을 걸었다.

"수재야, 이거 재미있어 보이지?"

하지만 둘째는 자동차를 잡지 않고, 고개를 숙인 채 내 손만 꼭 붙잡고 있었다.

둘째가 센터 입구에서 멈춘 이유는 낯선 환경이 주는 불안감 때문이었다. 아이들은 익숙하지 않은 장소나 상황에서 스트레스를 받으며, 이를 피하려는 경향을 보인다.

특히 자폐 성향이 있는 아이들은 환경 변화에 민감하다. 새로운 소리, 냄새, 조명, 그리고 많은 사람들의 움직임은 아이에게 과도한 자극으로 느껴질 수 있다. 상담실에서 수재가 내 손을 꼭 잡고 있던 행동은 안정감을 찾으려는 자연스러운 반응이었던 셈이다.

엄마는 아이에게 가장 익숙하고 안전한 존재이다. 둘째가 나의 손을 놓지 않으려는 이유는, 불안한 환경 속에서 의지할 수 있는 유일한 지지대가 필요했기 때문이었다.

자폐 부모가 해야 할 일

발달센터에서 둘째는 중증 자폐여서 아무리 말해도 말귀를 못알아 듣고, 행동 수정도 안 되고, 인지가 전혀 없는 상황이여서 도저히 언어치료를 할 수가 없다고 하였다. 급기야 어느 날 언어치료사가 치료 종결을 통보했다.

나는 너무 화가 나고 억울하고 속상한 마음에 이제 더 이상 발달센터와 어린이집에만 의존하지 않고, 내가 직접 아이를 가르치기로 결심했다.

도서관에서 자폐에 관한 자료들을 찾아보기 시작했고, 자폐 관련 책들을 읽으며 아이가 어떤 세계에서 살고 있는지 이해하려고 노력했다. '자폐는 자기만의 세계에 갇히는 것'이라는 말을 떠올리며, 둘째가 세상으로 나올 수 있도록 돕기 위해 내가 해야 할 일을 찾기 시작했다.

오후 12시까지 어린이집에서 활동을 하고, 하원 후에는 아이와 함께하며 책과 교수님에게 배운 내용을 실천에 옮겼다.

나는 둘째의 작은 변화를 지켜보며, '장애'라는 단어가 주는 무게를 조금씩 마음으로 받아들이기 시작했다.

자폐아인 수재를 키우며, 나는 자폐라는 장애를 더 깊이 이해하기 위해 도서관에서 살다시피 했다. 수재가 어린이집에서 활동하고 있을 시간동안 매일 책을 읽고 노트에 기록하며 자폐증이 어떻게 나타나고 시작되는지에 대한 궁금증을 풀어갔다.

◈ **최수아 원장의 조언**

"자폐(자폐 스펙트럼 장애)는 특별한 이유나 누군가의 잘못 때문에 생기는 것이 아니에요. 태어날 때부터 뇌가 세상을 바라보고 느끼는 방식이 조금 다르게 만들어진 것일 뿐이에요. 예를 들어, 어떤 사람은 빛나는 별을 아주 잘 볼 수 있고, 어떤 사람은 음악 소리를 아주 잘 들을 수 있는 것처럼, 자폐를 가진 친구들은 소리, 빛, 감정을 조금 다르게 느낄 수 있습니다. 이건 잘못된 것도 이상한 것도 아니에요. 그저 세상을 특별하게 느끼는 방식일 뿐이에요. 그래서 자폐는 '어떤 일이 있어서 생긴다'라기보다는, 그냥 태어날 때부터 그렇게 만들어진 거예요. 마치 나무마다 잎의 모양이 다르듯이 말이에요."

자폐증이 호전되면 지적장애로 변화가 될 수 있을 것 같다는 확신을 갖게 되었다. 자폐증과 지적장애의 가장 큰 차이는 사회성이었다. 자폐아들은 상동 행동을 보이며 혼자만의 놀이에 빠져 사회성이 부족한 반면, 지적장애는 사회성이 어느 정도 유지되고 의사소통도 가능했다. 체크리스트를 만들어 분석하며 "사회성만 회복시키면 자폐에서 지적장애로 넘어갈 수 있지 않을까?" 하는 희망을 품게 되었다. 둘째가 그 가능성을 실현할 수 있다면, 자폐를 앓더라도 타인과 소통하며 풍요로운 삶을 살 수 있을 것만 같았다.

장애에 대한 변화의 가능성

나는 학습부진에 관한 책도 찾아 읽었다. 학습부진은 학교에서 시험 점수가 낮거나 이해력이 떨어지는 학생들에게 붙는 진단명으로, 자폐와 지적장애와도 증상이 겹치는 부분이 많았다. 책을 통해 자폐와 지적장애, 학습부진 장애의 증상이 약 50~70% 이상 겹칠 수 있다는 사실을 알게 되었다.

이로 인해, 아이가 자폐장애를 가지고 있어도 교육과 훈련을 통해 지적장애, 학습부진장애로 변화된다면 일반아동에 가까워질 가능성이 있다는 희망을 품게 되었다.

몇 달 동안 책을 읽고 자료를 분석한 끝에, 나는 "자폐아도 좋아질 수 있다"는 확신을 갖게 되었다. 사람들이 "자폐는 안 된다"고 말할 때, 나는 "어떻게 하면 자폐장애를 가진 아이들도 사회성을 키울까?"라고 되물으며, 아이의 변화를 위한 길을 찾아 나섰다.

한국장애인부모회에서의 깨달음

내가 발견한 또 다른 길은 '한국장애인부모회'였다. 이곳에서 나는 자폐아를 둔 많은 부모들과 만나게 되었고, 봉사활동을 통해 다양한 사례를 듣고 배울 수 있었다.

둘째가 다섯 살에서 여섯 살이 되었을 때, 나는 수재를 데리고 장애인부모회에 방문했다. 그곳에서 한 어머니가 내게 뜻밖의 말을 건넸다.

"엄마는 벌써 애를 포기했나 봐요?"

그 말에 깜짝 놀라 나는 되물었다.

"아니요, 왜 포기했다고 생각하세요?"

그 어머니가 답했다.

"다섯 살 된 아이를 데리고 장애 단체를 찾아오니 그런 생각이 들었어요. 애는 어떤 병인가요?"

"자폐라고 했어요."

옆에 있던 또 다른 어머니가 말을 덧붙였다.

"자폐는 안 돼요. 자폐는 천형이에요. 신이 내린 형벌이라고요."

그 말에 머리 뚜껑이 열리고 뇌가 폭발하는 것처럼 떨리고 당혹스러웠다.

"신이 내린 형벌? 저는 신께 벌 받을 만큼 그렇게 죽을 죄를 짓지 않았어요. 그냥 아이가 아픈 거죠."

바깥이 소란스러웠는지 부모회 회장님과 부회장님이 사무실에서 나오셨다.

"장애인부모회가 어떤 곳인지 궁금하셔서 찾아오셨군요. 차 한잔 마시면서 얘기나눠요."

"여기는 장애 치료를 포기한 엄마들만 오는 곳인가요? 왜 포기했다고 단정짓죠? 저는 희망을 가지고 이곳에 왔단 말이에요."

나는 평소 궁금했던 점을 물어보았다. 내가 열성적으로 질문하자 두 분은 웃으며 답했다.

"잘 오셨습니다. 장애 치료 포기한 곳 아니고요. 장애아동들도 지역 활동에 참여하고, 자립을 할 때, 각 지자체에서 함께 할 수 있는 기회를 가지고자 단체를 만든 거예요."

두 분과 대화를 나누던 중 부모회 회장님, 부회장님 자녀들도 자폐 진단을 받은 사실을 알게 되었다. 회장님의 아이는 생후 20개월부터 치료를 받기 시작했고, 서울의 유명 발달센터와 대학병원에서 치료를 받으며 2억 원의 비용을 들였다고 했다. 그러나 치료 결과는 그리 만족스럽지 않았다고 했다. 아이는 여전히 말을 하지 못했고, 기대했던 변화는 이루어지지 않았다는 것이다.

장애인부모회 회장님은 노력과 희생에도 불구하고 극복되지 않는 현실에 대한 깊은 아픔과 좌절이 느껴졌다.

"그럼 자폐를 좋아지게 만드는 방법은 없나요?"

내가 물었다.

부회장님은 "자폐는 명사와 동사는 쉽게 받아들이는데, 느낌과 형용사는 어려워 한다"며 본인의 아동의 치료와 변화된 과정을 설명해주었다.

"엄마가 포기하지 않고 가족들의 관심과 사랑이 유지된다면 자폐성향은 소거가 돼요."

희망의 가능성

"우리 수재 평생 말을 못할까요?"

답답한 마음에 회장님에게 이렇게 물었다.

"그건 아무도 몰라요. 하지만 수재 엄마 정도 열정이면 말하는 방법을 찾을 수 있을 것 같아요."

회장님은 웃으며 긍정적으로 답해주셨다. 그 말을 들은 나는 곧바로 부탁했다.

"회장님, 저한테 좋아진 아이들을 소개해 주세요. 그 분들 이야기를 듣고 제가 어떻게 할지 방향을 정할게요."

다른 부모들은 그런 나를 별나다고 말했다. 왜 자꾸 현실을 받아들이지 않느냐는 거였다. 하지만 나는 믿었다. 치료를 위해 노력하는 과정이 장애를 부정하는 것은 아니라고. 내가 할 수 있는 한, 모든 방법을 찾아보고 싶었다. 부모회 회장님께 소개받아 그들의 이야기를 들으면서, 수재를 위한 새로운 가능성을 찾고자 했다. 나는 그 날로 장애인부모회에 입회하였다.

"감사합니다. 경험을 이야기해 주시고 가능성을 얘기해 주셔서. 처음 들어 왔을 때 아이를 포기했냐는 말에 놀랐지만 부모회 활동에 참여하면서 말 할수 있는 방법을 찾아 보겠습니다."

부모회를 처음 들어섰을 때 내가 들었던 말은 충격적이었지만, 동시에 내가 둘째를 아직 포기하지 않았다는 사실을 확인하는 계기가 되었다. 그 과정에서 중요한 사실도 깨달았다. 바로 장애를 수용하는 것과 아이가 더 나아지도록 노력하는 것은 공존해야만 한다는 것이다.

어제보다 오늘이 더 나으면 된다

나는 내가 습득한 내용을 실천하기 위해 옆으로 걷는 둘째를 앞으로 걷게 하는 훈련부터 시작했다. 발을 옆으로 뻗으며 걸을 때마다 "오른발 앞으로, 왼발 앞으로, 발을 '십일(11)' 자로 만들어요"하며 발을 손으로 직접 돌려주며, 걷는 연습을 했다.

매일 버스를 타지 않고 어린이집까지 걷기 훈련을 하며 아이의 작은 변화를 체감했다. 연습의 횟수가 늘어날수록 둘째는 내가 말을 하면 스스로 발 모양을 바꾸는 등 변화하는 모습이 나타났다.

이때 나는 행동 수정과 수용 언어가 동시에 상향될 수 있다는 사실을 알게 되었다.

나는 수재가 어제보다 나아진 오늘을 바랐을 뿐이었다. 희망이 없다고 단정 짓기보다는, 가능한 모든 방법을 시도해 보고 싶었다. 장애라는 현실을 인정하면서도, 동시에 아이의 잠재력을 믿고 포기하지 않는 부모의 길을 선택한 것이었다. 세상 속의 '장애'라는 단어가 주는 무게에 짓눌리지 않고, 매 순간 웃으며 수재와 함께 "우린 할 수 있어"를 외쳤다. 장애를 가진 아이도 오늘보다 더 나은 삶을 살 수 있는 가능성을 열어두는 것이 부모의 역할임을 다시 한번 깨달았다.

자폐의 흔적을 조금씩 지워나가는 것

장애 치료를 받고 좋아졌다는 소문을 듣고 만난 아이들은, 내가 상상했던 모습과는 달랐다. 언어 치료를 받고 말이 터졌다고 했기에, 일반 아이처럼 자연스럽게 소통할 수 있을 거라 기대했다. 하지만 아이는 상동 행동을 보이며, 기계적인 모노톤의 목소리로 "안녕하세요"라고 말했다. 눈을 마주치지 않았고, 나를 보지 않은 채 내 방향으로 와서 인사를 건넸다. 나는 속으로 "이게 정말 좋아진 게 맞나?"라는 생각에 당혹스러움을 감출 수 없었다.

어떤 아이는 지시는 잘 따랐다. 엄마의 안내에 따라 나에게 다가와 인사를 했고, 질문에 간단히 대답도 했다. "네," "안녕하세요"처럼 기본적인 의사소통은 가능했다. 상동 행동과 눈 맞춤의 부족은 여전했고, 자신만의 세계에 갇힌 듯한 자폐의 특성은 그대로 남아 있었다.
나는 속으로 실망했다.
'말이 터졌다면 자폐 증상이 없어지는 것 아닌가?'
그렇게 단순한 기대를 가지고 있었다. 그러나 그 아이와의 만남을 통해 깨달았다. 자폐를 가진 아이들에게 말이 터졌다는 것은, 일반 아이들과 같은 수준의 소통이 아니라, 그들만의 방식으로 최소한의 의사소통이 가능해졌음을 뜻한다는 사실을 말이다.

　아이의 엄마와 이야기를 나누며, 그들이 어떤 과정을 겪었는지 들을 수 있었다. 아이가 현재 상태에 이르기까지 몇몇 치료 센터를 다녔고, 실패를 경험했다고 했다. 그러나 끊임없는 노력 끝에 지금의 결과를 얻을 수 있었다고 했다. 나는 그 아이의 상태를 보고 실망스러운 감정을 느꼈던 스스로를 반성했다. 부모는 아이의 작은 변화에도 희망을 걸고, 그 과정에서 많은 도전을 감수한다. 내 기대와 현실이 다르다는 사실은, 내가 자폐에 대해 얼마나 단순하게 생각하고 있었는지를 보여주었다.

자폐아들의 의사소통

자폐를 가진 아이들에게 의사소통은 우리가 생각하는 일반적인 소통과 다르다. 그들은 자신만의 속도와 방식으로 주변과 연결을 시도한다. 그 과정을 이해하고, 그들만의 언어를 존중하는 것이 중요하다. 의사소통이 가능하다는 사실만으로도, 부모에게는 큰 희망이 될 수 있다. 나는 부모회 회장 소개로 두 명의 연달아 아이를 만났고, 그 만남은 나에게 자폐를 바라보는 새로운 시각을 열어 주었다. 좋아진다는 의미가 꼭 일반 아이들과 똑같이 성장하는 게 아니라 자폐의 흔적을 하나씩 지워가며, 세상과 소통하며 살아가는 가능성을 의미한다는 것을 말이다.

"자폐 아동을 가르치는 데 필요한 것은
다른 접근법이지, 더 낮은 기대치가 아니다."
스티븐 쇼어 (Stephen Shore)

 CHAPTER 2

왜 장애라는 한계를
받아들이시나요

자폐아 치료를 통해 "말을 한다"는 것이 반드시 사회적 소통 능력을 의미하지는 않는다. 예를 들어, 상동 행동을 지속하면서도 말을 시작하는 경우, 부모는 "일반화된 대화"가 가능할 것이라는 기대와 현실 사이에서 혼란을 겪기도 한다.

 가끔 우리 센터에 오는 엄마들은 내게 "상동 행동을 먼저 수정한 뒤 언어 치료를 해야 하는지"와 "언어 치료를 먼저 진행하면서 행동을 수정해 나가야 하는지" 묻는다. 아이가 행동 수정 없이 언어 치료를 받을 경우, 언어 능력이 향상될 수 있는지에 대한 확신이 없기 때문이다.

 하지만 부모는 치료센터에서 제시하는 방식을 받아 들이고 아이의 개선 가능성을 믿고 여러 시도를 해봐야 한다.

초기 언어 치료의 어려움

자폐아를 키우는 부모가 초기에는 자폐와 언어 치료의 한계를 잘 알지 못한다. 일반 아이들처럼 아이가 완전히 정상적인 소통 능력을 갖추기를 기대하는 경우가 많다.

"상동 행동을 먼저 수정한 뒤 언어 치료를 해야 할까요?"
"언어 치료를 먼저 진행하면서 행동을 수정해 나가야 할까요?"
"인지 치료 먼저 한 후에 언어 치료를 해야 할까요?"

어떠한 한 가지 치료만으로는, 언어 능력이 향상될 수 있는지에 대한 확신이 없기 때문이다. 하지만 부모는 치료센터에서 제시하는 방식을 받아 들이고, 아이의 개선 가능성을 믿고 여러 시도를 해보는 것이 중요하다.

언어 치료의 결과는 아이와 선생님 간의 관계에 따라 크게 달라질 수 있다. 한 아이가 A센터에서는 수업을 거부했지만, B센터에서는 수업 참여도가 좋을 수 있다. 이때는 선생님과의 라포 형성이 잘 되었고, 소통이 원활해지면서, 언어가 터지기 시작할 수 있다. 예를 들어 "포도"라는 단어를 들으면 "포도"라고 따라 하고, "수박"을 들으면 "우박"이라고 대답하는 식으로 조음 명료도[7]는 다소 낮지만 언어 모방이 이루어지기

---

7) 조음 명료도(Articulation Intelligibility)는 말소리가 얼마나 정확하고 또렷하게 들리는지를 나타내는 개념으로 사람이 말을 할 때 청자가 얼마나 명확하게 알아들을 수 있는지를 의미합니다.

도 한다.

시간이 지나면서 "기분 좋아?"라는 질문에 "네"하며 짧은 문장에 대답을 하는 수준에 이르기도 한다.

언어 치료 과정과 부모의 갈등

둘째가 언어 치료를 받고 있음에도 불구하고 여전히 말을 하지 못하는 상황이었다. 나는 치료가 효과가 없을까봐, 그리고 앞으로도 말을 하지 못할까봐 걱정했다. 특히 다른 부모들이 고등학생이 되어도 말을 하지 못하는 자폐아의 사례를 이야기할 때, 불안감이 더욱 커졌다.

언어 치료의 효과를 판단할 기준이 없었던 나는, 선생님과 아이의 '교감'이 중요하다는 말을 듣고 혼란스러워졌다. '교감'이라는 개념 자체가 생소했기 때문이었다. 선생님과의 관계가 좋으면 아이가 언어를 배우기 시작한다는 점은 새로운 사실이었다.

둘째의 경우, 치료사 선생님께서 아이가 중증 자폐여서 아무리 말해도 말귀를 못 알아들을 뿐더러 행동 수정도 되지 않고 인지가 전혀 없는 상황이라 도저히 언어 치료를 할 수가 없다고 했다.

언어 치료의 효과와 한계

다른 방법은 없을지 고민하던 중 하루는 부모회 회장 소개로 7살 아이를 키우는 엄마를 만나게 되었다. 대화를 나누는 동안 언어 치료의 효과에 대해 생각하게 되었다. 아이는 기본적인 질문에 "네"라고 대답할 수 있고, 간단한 지시 수행을 하는 모습도 보였다. 하지만 사람과 눈을 마주치며 소통하지는 못했다.

"왜 사람을 보지 않고 말하나요?"

내 질문에 그 엄마는 이렇게 대답했다.

"자폐라서 그렇죠."

'우리 아이도 앞으로 이렇게 말하게 될까?'

나는 속으로 걱정을 떨칠 수 없었다.

언어 치료는 아이가 자폐라는 특성을 가진 상태에서도 기본적인 소통 능력을 키우는 데 중점을 둔다. 그렇기에 이 과정에서 부모는 아이가 어느 수준까지 나아질 수 있을지에 대한 기대를 내려놓는 게 중요하다. 소통이 가능해지는 것만으로도 큰 발전임을 이해해야 한다.

당시 만남은 언어 치료의 중요성과 언어 발달의 한계를 동시에 느끼게 해 주었다. 눈을 마주치지 않고 대답을 하는 모습을 보고, '교감'이 중요하다는 말이 떠올랐고, 아이와 선생님의 '교감'이 치료의 성패를 가를 수 있다는 것을 알게 되었다.

결국, 아이가 즐겁고 편안하게 소통할 수 있는 환경을 찾는 것이 부모의 중요한 역할이고 부모는 더 나은 선택을 하기 위해 많은 고민을 하게 된다.

치료 방법의 선택

자폐아의 치료에서 언어 치료는 중요한 역할을 하지만, 행동 수정과 병행되지 않을 경우 한계에 부딪힐 수 있다. 아이가 말을 할 수 있는지에 대한 불안과, 말하기 이전의 행동을 어떻게 다뤄야 하는지에 대한 고민은 부모에게 큰 부담으로 작용한다. 결국, 부모는 치료 센터와 전문가의 조언을 바탕으로 아이에게 적합한 치료 방법을 찾아야 한다는 현실을 받아들이게 된다.

자폐아를 둔 부모로서 언어 치료와 행동 치료의 우선순위를 고민하며, 기존의 치료 방식에 자연스레 의문을 품게 되었다. "상동 행동을 하면서도 말을 한다는 것에 만족해야 한다"는 당시 분위기와 달리, 나는 일반 아이처럼 행동과 언어를 동시에 발달시키는 방법을 찾고 싶었다. 그러나 안타깝게도 내가 생각한 치료 방식으로 치료하는 곳은 찾지 못했다.

응용 행동 수정

발달센터에서 만난 다른 부모들과의 대화를 통해, 기존 치료 방식에서 벗어난 '제3의 길'을 고민하기 시작했다. 행동 수정과 언어 치료를 병행하며, 자폐라는 진단명을 넘어 일반화된 소통 능력을 목표로 삼아보자는 아이디어였다.

당시에는 행동 치료라는 개념조차 생소했지만, 다양한 자료를 조사하고 전문가들에게 도움을 요청하며 새로운 접근법을 탐색하기 시작했다.

그 과정에서 'ABA(응용 행동 분석, Applied Behavior Analysis)[8]'라는 프로그램을 알게 되었다.

행동분석은 문제 행동을 소거시키고, 발달이 필요한 행동을 강화하는 치료 방법으로, 아이의 심리와 놀이를 활용해 행동을 수정하는 접근법이기도 하다. 기존에 접했던 치료 방법과는 달리, 행동분석은 아이의 행동 패턴을 체계적으로 분석하고 수정하는 데 중점을 두고 있다.

응용행동분석의 개념을 접하기 전까지, 나는 자폐를 가진 아이의 행동 수정이 가능하리라고 생각하지 못했다. 그러나 행동분석을 통해 문제 행동을 줄이고 발달 행동을 강화하는 구체적인 방법들을 배우며, 아이와의 새로운 소통 방식을 도전하게 되었다.

---

8) ABA는 행동과 관련된 과학적 원리를 사용하여 특정 행동을 이해하고 수정하는 데 초점을 맞춘 치료 및 교육 접근법입니다. 주로 자폐 스펙트럼 장애(ASD)를 가진 아동이나 성인의 행동 중재와 학습 능력 향상에 활용됩니다.

자폐를 가진 아이의 치료에서 가장 중요한 것은 아이의 특성을 인정하면서도, 더 나은 발달 가능성을 찾아가는 것이다. 언어 치료와 행동수정 치료를 병행하는 접근법은 기존의 틀에서 벗어나 새로운 가능성을 열어 주었다.

행동 수정과 언어 치료를 병행하는 접근은 자폐아의 성장 가능성을 넓히는 데 아주 중요한 시도이다.

벼랑 끝에서 찾은 길

둘째가 자폐 증상이 점점 심해질 당시, 나는 벼랑 끝에 몰린 심정으로 책에서 습득한 지식을 양육에 적용하기 시작했다. 그 과정에서 배운 점을 간략히 설명해보고자 한다.

먼저 나는 상동 행동을 줄이고 소근육 발달을 돕기 위해, 매일 같은 활동을 반복해서 수행하며 또 다른 방법이 없는지 연구했다.

둘째의 하루 일정은 통합 어린이집에서 데려오는 오후 12시부터 시작되었다. 이후 5~6시간 동안 놀이터에서의 언어와 대·소근육 발달을 위한 활동들로 일정을 채워나갔다.

여기서 알아야 할 점은 이러한 활동들은 단순한 놀이가 아니라는 점이다. 예를 들어, 미끄럼틀을 양 끝을 손으로 잡으면서 올라가게 해서 대·소근육을 사용하는 데 초점을 맞추는 것이다.

"오른손 잡아. 왼손 잡아. 허리 굽혀. 허리 굽힌 채로 왼발 올려. 허리 굽힌 채로 오른발 올려" 나는 아이에게 이렇게 계속 말해 줌과 동시에 내 손으로 대신 행동해 주었다. 이 과정에서 아이에게 따라 말하기를 유도했으며, 인지능력 향상을 올려주려고 노력했다.

이러한 작은 시도들은 아이의 신체 발달을 도울 뿐만 아니라, 상동 행동을 줄이는 데에도 중요한 역할을 한다.

둘째는 표현 언어지연, 수용 언어의 부족, 상동 행동, 시지각 문제까지 겹친 상황에서 어느 누구에게 의존하지 않았다.

오로지 내가 습득하고 연구한 방법으로, 행동 수정과 언어 치료를 병행했고, 그 결과 아이에게 기적 같은 변화가 찾아오기 시작했다.

3개월에서 6개월의 변화

나는 뇌신경 발달에 대한 자료를 연구하며, 습관 형성과 신경 연결에 약 3~6개월이 필요하다는 사실을 알게 되었다. 이를 바탕으로, 나는 둘째와 활동을 시작할 때 3~5개의 목표를 잡고 활동 계획을 세웠으며, 이 활동을 최소 6개월 동안 꾸준히 지속하기로 결심했다.

미끄럼틀 오르기와 같은 단순한 활동부터 시작해, 점차 크로스 운동과 요가 운동 같은 신체 활동으로 확장했다.

시간이 흐름에 따라 아이는 대·소근육 사용 능력이 점차 개선되어서 주변으로부터 반듯한 자세로 걷는다는 소리도 곧잘 듣고 하였다.

처음 목표가 1개가 완성이 되고 난 이후 새로운 목표설정을 하는 방식으로 훈련을 했다.

목표달성기간은 최소 6개월이었고, 어떠한 목표는 4년간 반복해야 했던 활동도 있었다.

그렇게 아이의 행동이 조금씩 변화하는 모습을 보며, 반복적인 연습과 꾸준한 시도가 변화를 만든다는 확신을 얻었다. 비록 최악의 상태에서 시작했지만, 작은 진전을 통해 아이와 함께 성장할 수 있다는 희망을 가지게 되었다.

"수재 힘들어?"

"힘들어."

"그럼 쉬었다가 연습할까?"

"네, 쉬었다가 연습해요."

"수재야 고마워. 노력하는 수재 모습 엄마는 감동이야."

매일 반복되는 훈련 속에서도 나는 희망을 놓지 않았다.

아이가 웃으며 미끄럼틀을 오르고, 내 말을 따라 하려는 모습을 보며 가슴속 저 밑에서 뭉클한 무언가가 꿈틀거렸다.

요가와 발화 훈련

책에서 얻은 영감을 바탕으로, 아이의 신체 긴장도를 낮추기 위해 요가를 접목시켜 보았다. 인도의 한 자서전에서 소개된 요가 자세들이 단순한 운동이 아니라 뇌신경 발달에 긍정적인 영향을 준다는 점이 인상 깊었다.

폴더 자세와 브리지 자세를 포함한 요가를 아이와 함께 연습하며, 소근육 발달과 행동 수정 효과를 동시에 기대할 수 있었다. 요가는 아이의 신체적 건강뿐만 아니라 심리적 안정에도 큰 도움을 준다.

요가와 행동 치료를 통해 상동 행동이 줄어든 후, 언어 발화를 위한 훈련을 시작했다. 세종대왕의 한글 창제 과정을 다룬 소설 '뿌리 깊은 나무'를 읽으며, 언어를 구성하는 기본 요소를 가르치는 방법에 대한 영감을 얻었다.

이를 바탕으로, 음절 치기라는 간단한 훈련을 도입했다. 아이가 좋아하는 단어들, 예를 들어 "엄마," "아빠," "우유"와 같은 단어들을 반복적으로 연습하며, 뇌신경 자극과 음절 발화를 결합한 접근을 시도한 것이다.

음절 훈련과 발화의 시작

언어치료 초기에 둘째는 소리를 내긴 했지만, 의미 있는 단어를 말하지 못했다. 그러나 반복적인 음절 연습과 놀이를 꾸준히 병행해 가던 어느 날이었다. 평소처럼 설거지 하고 있는데, 둘째가 자동차를 밀면서 "엄마," "아빠"와 같은 단어를 말하기 시작했다.

비록 처음엔 아이가 말하는 단어들의 발음이 명료도가 낮아 모호하게 들리긴 했지만, 아이의 발화 능력이 발달하기 시작했다는 신호였다.

예를 들어, "우유"를 말할 때는 "유유"라는 소리를 내며 시도하는 모습을 보였다.

발화 훈련은 단순히 단어를 반복하게 하는 것이 아니라, 놀이를 통해 언어와 행동을 연결시키는 과정이기도 했다. 아이가 장난감을 가지고 놀면서 "엄마"를 반복하는 모습을 보며, 놀이가 발화 연습에 긍정적인 영향을 준다는 것을 깨달았다. 놀이를 통해 아이는 단어를 모방하며, 의사소통의 첫걸음을 내디딘 것이다.

희망으로 이어진 발화 훈련

6개월 동안의 발화 훈련 만에, 둘째는 여러 단어를 발화할 수 있게 되었다. 비록 발음이 정확하지는 않았지만, 아이가 말을 시도하고 모방하는 과정은 부모로서 큰 희망을 주었다.

발화 훈련과 동시에 행동 수정과 놀이를 병행한 결과, 눈 마주침이 좋아지고, 옹알이가 많아지면서 아이는 2세 수준의 발달행동과 유사한 행동 패턴을 보이기 시작한 것이다.

무발화센터를 시작하게 된 이유

 병원을 다니며 듣게 된 '언어 치료'와 '행동 치료'라는 단어들은 생소했지만, 나는 모든 정보를 찾아보기 시작했다. 결국 대안은 스스로 배우는 것이었다. 행동 치료 관련 책을 사서 읽고, 인터넷 강의와 대면 강의를 찾아보며 아이에게 직접 적용해 보기로 결심했다.

학교에서의 만남: 세 아이의 이야기

2008년, 초등학교에서 보조교사로 일하기 시작했다. 그때 맡게 된 세 아이는 나에게 자폐라는 세상을 더 깊이 이해하도록 도와준 소중한 스승이었다.

첫 번째 아이는 1급 자폐를 가진 아이였다. 그 아이의 보호자는 "아이가 말을 잘하고 다 알아듣는다"고 말했다. 아동과 처음 만난 날이 지금도 생생하다.

"너 이름이 뭐야?"

"박지훈"

"박지훈은 몇 살이야?"

"10살"

"너 누구랑 같이 왔어?"

"…"

지훈이는 '짜장, 짬뽕, 스파게티, 국수' 등 음식 종류를 다 말할 줄 알았다. 하지만 다른 아이들과 어울리지 못하고 자기만의 세상에 빠져 살았다. 학교에서 만날 때마다, 항상 도움반 교실에 엎드려 동물 피규어를 줄세우는 행동을 반복했다. 친구들이 떠들어도 전혀 반응하지 않았다.

"괜찮아, 선생님이 여기 있어"라고 말하며 다가가면, 지훈이는 나를 똑바로 쳐다보지도 않았다. 그러나 점차 질문하기, 답변 따라하기 같은 활동을 통해 눈 마주침과 소통이 조금씩 확장되었다.

지훈이는 선생님에게 "안녕하세요. 지훈이 왔..."웃으며 인사하고 궁금하면 질문도 간간히 나타나기 시작했다.

교실에서 지훈이는 소통하기 위해 나에게 과자 그림이 그려져 있는 종이와 연필을 주며 "그려줘"라고 말하기도 했다.

"아~그림 더 그려줘?"
나는 다른 과자 그림을 그려주었다. 하지만 지훈이는 거부했다.
"싫어. 아니야."
나는 지훈이에게 재차 물었다.
"이거 아니야? 그럼, 뭘 그려줘?"
"아니야. 아니야 그려줘."
지훈이는 울기 시작했다. 그러더니 그림 종이를 가져가 자신의 그림 아래에 '새우깡'이라고 썼다. 지훈이는 그리고 나에게 "그려줘"라고 했다. 나는 지훈이에게 되물었다.
"아~그림 아래에 이름을 적어줘?"
"네, 적어줘."
지훈이가 대답했다. 나는 다시 한 번 지훈에게 물었다.

"알았어. 이건 무슨 과자지? 콘푸로스트?"

"콘푸로스트."

지훈이가 대답했다.

그렇게 아이가 좋아하는 과자 그림으로 소통을 시작했다. 몇 달 후, 지훈이는 내게 그림을 보여주며 말했다. "이거, 나야. 이거 선생님."

무발화 상태였던 아이의 변화

두 번째 아이는 무발화 상태로, 말을 전혀 하지 못했다. 학교 운동장에 오면 큰소리로 울거나 멍하니 앉아있었고, 주변에서 무슨 일이 일어나는지 전혀 관심을 두지 않는 것처럼 보였다. 나는 아이의 가족사진을 요청해 아이에게 동기를 부여할 만한 장난감과 보상을 준비한 뒤, 가족 호칭 명명하기를 목표로 세웠다.

"이거 누구야? 엄마, 아빠, 누나."

아이는 나와의 발화 수업을 통해 발성을 낼 수 있게 되었으며, 표정의 변화가 생기기 시작했다. 그리고, 친구들과의 의사소통을 위해 방어하는 말도 같이 가르쳤다.

"안돼, 싫어, 하지 마, 그만해."

꾸준히 반복연습한 결과 발음은 정확하지 않지만, 발화가 나타나기 시작했다.

몇 달 후 학교 체육시간에 공놀이를 할 때였다.

"이거는 공이야. '공' 하고 말하면 선생님이 공 줄께."

"공."

아이가 내 말에 따라 말하자 나는 공을 주었다

아이는 공을 받아들고 "'공", "공", "공" 이라고 자발을 표현했다. 그 순간, 교실에 있던 모든 선생님들이 박수를 치며 축하해 주었다.

세 아이와의 경험은 내가 자폐 아동들이 얼마나 다양한 특성과 요구를 가지고 있는지 깨닫게 해 준 계기였다. 동시에, 그들에게 맞는 개별화된 치료법이 필요하다는 사실을 절실히 느끼게 한 순간이었다.

자폐 아동의 학교 생활

"선생님, 이거 뭐예요?"

아이들이 분주히 떠드는 일반 교실 한편에, 작은 고개를 갸우뚱하며 질문을 던지는 3학년 자폐 아동 명훈(가명)이가 앉아 있었다. 특수반 대신 일반반에서 생활하며 통합 교육을 받는 명훈이는, 처음에는 낯설고 힘겨워했지만, 조금씩 주변 친구들의 행동을 흉내내며 적응해 나가고 있었다.

명훈이에게 교실은 단순히 공부를 배우는 공간이 아니었다. 사회를 배워가는 첫 번째 무대이기도 했다.

그렇다고 모든 것이 순탄했던 것은 아니다. 같은 학년에 다니는 또 다른 자폐 아동 지훈이(가명)의 경우, 높은 각성 상태로 인해 교실에서 가만히 있는 것조차 어려워했다. 수업 도중 갑자기 창문 틀로 뛰어들거나, 예고 없이 울음을 터뜨리곤 했다.

"선생님, 지훈이 왜 저래요?" 친구들의 시선이 한곳으로 몰릴 때마다, 나는 부드럽게 대답했다.

"지훈이도 열심히 노력하고 있어. 조금만 기다려주자."

특수반에서 보조교사로 세 아이를 맡았을 때는 솔직히 조금 두려웠다. 무발화인 아이, 감정표현과 의사소통이 거의 이루어지지 않는 아이, 끊임없이 위험한 행동을 반복하는 아이를 보며 '이 아이들을 어떻게 가르치지' 하는 마음도 들었다.

첫날, 지훈이는 미술 시간에 물감을 손에 잔뜩 묻힌 채 "봐요! 무지개! 무지개!"를 외쳤다. 지훈이는 순수하고 밝았지만, 수업의 흐름을 방해하는 경우가 종종 있었다. 반면, 어떤 날은 교실 한쪽에서 종이 학습지를 힘껏 찢으며 울음을 멈추지 않았다.

나는 교실 문 밖에서 깊은 한숨을 쉬며 고민하기도 했다.

'내가 잘하고 있는 걸까? 이 아이들에게 제대로 도움을 줄 수 있을까?' 하지만 교실 안으로 돌아가면, 아이들이 미소를 짓거나 손을 잡아 줄 때마다 희미하게나마 자신감이 생기기 시작했다.

교실에서 도전하는 아이들

가장 힘들었던 순간은 아이들의 각성 상태를 관리하는 일이었다. 지훈이가 갑작스레 책상을 넘어뜨리거나, 친구들에게 손을 뻗어 물건을 빼앗으려 할 때면, 교실은 아수라장이 되었다. 내가 힘들어하던 날, 특수교사는 나에게 이렇게 질문했다.

"이 아이들이 지금 가장 잘하는 게 뭔지 아세요?"

나는 대답을 망설였고, 특수교사는 웃으며 말했다.

"숨쉬기요."

농담처럼 들렸지만, 그 말 속에는 깊은 고민과 현실이 담겨 있었다. 교실에서 가만히 있는 것조차 도전일 만큼, 이 아이들에게 학교는 만만치 않은 곳이었다.

하지만, 그래도 희망은 있었다. 며칠 후, 작은 변화들이 보이기 시작했다. 명훈이는 나와의 수업을 통해 감정을 표현하는 연습을 했다. 어느 날, 친구가 연필을 빌려주자 처음으로 또렷하게 말했다.

"고마워."

그 한마디에 교실은 조용해졌고, 모두가 박수를 쳤다.

지훈이도 행동 조절 기술을 배우며 차츰 안정감을 되찾아갔다. 한번은 지훈이가 창틀에 뛰어오르려는 순간, 내가 손을 잡으며 이렇게 말했다.

"지훈아, 창틀에 올라가지 말고, 의자에 앉아봐. 여기는 훨씬 더 멋진 자리야."

지훈이는 고개를 갸웃하며, 처음으로 선생님이 제안한 자리에 앉아 보았다. 작은 변화였지만, 큰 희망을 보여준 순간이었다.

자폐 아동과 함께한 학교 생활은 매일이 도전과 배움의 연속이었다. 나 역시 이 아이들이 학교에 다니는 것은 단순히 학업 성취를 위한 것이 아니라는 것, 아이들이 친구들과 함께 어울리며 사회적 존재로 성장하는 법을 배우고 있다는 걸 비로소 깨닫게 되었다.

센터 설립의 시작

이렇게 보조교사로 활동하는 와중에도 내 안에는 목마름이 있었다. 아이들에게 즐겁고 재미있는 교육 환경을 제공하고 싶다는 마음이 컸다. 이 마음이 무발화센터를 열게 된 계기다.

사실, 처음부터 치료 센터를 만들겠다는 계획은 없었다. 그러나 부모 모임에서의 활동과 학교에서의 경험은 점차 나를 새로운 길로 이끌었다.

특수교사에게 "수습 보조교사 종료하겠습니다."라고 말씀드렸을 때, 특수교사는 이렇게 물었다.

"여기 그만두면 어떤 일을 하고 싶으세요?"

"장애와 관련되지 않은 일을 하고 싶어요."

"선생님은 장애 아동에 대한 특별한 달란트가 있어요. 치료 달란트요."

"치료 달란트"라는 말에 마음이 울컥했다. 세 아이와의 학교 생활이 떠올랐다.

"선생님이 온 후에 지훈이는 창문을 뛰어넘지 않고 '놀이터 가고 싶어요'라고 말하게 되었어요. 또 다른 친구는 미안해, 고마워, ○○줘 같은 감정표현을 하기 시작했죠.

선생님을 만난 친구들은 급격한 변화로 아이들의 삶이 바뀐 것 같아요. 그리고 친구들한테 인사하고 즐거워하며, 치료의 기회도 얻었죠."
특수교사는 마지막으로 말했다.
"꼭 장애 아동 치료와 관련된 일을 계속 해보세요."
그때 떠오른 질문이 나를 움직였다.
"장애를 가진 아이들이 이해와 공감을 받을 수 있는 환경에서 치료를 받을 수 있다면 어떨까?"
나는 아이들이 좋아하는 놀이와 교구들로 공간을 만들고, 그들의 가능성을 발견할 수 있는 기회를 제공하고 싶었다. 비록 작은 변화일지라도, 그 변화를 통해 아이들의 삶에 긍정적인 영향을 주고 싶었다.
초등학교에 입학한 자폐 아동들에게 학습은 새로운 도전이다. 이 시기는 단순히 언어와 행동 치료를 넘어, 아이들이 학습을 통해 사회와 연결되는 방법을 배우는 중요한 시점이다. 국어 책을 읽고 학습 내용을 이해하는 것뿐만 아니라, 이를 표현하는 능력을 키우는 것도 필요하다.
둘째의 학령기 시기를 접하면서 나는 아이에게 적합한 학습 방법을 찾기 위해 다양한 자료를 찾은 방법으로 실험했다. 학습 내용은 단순히 읽고 쓰는 것이 아니다. 행동 치료와 병행하여 사회적 기술을 익혀서 자립을 하게 해야 한다. 내 경험을 기반으로 자폐, 또는 발달 지연으로 어려움을 겪고 있는 아이들에게 도움을 주고 싶었다.

"자폐 스펙트럼은 문제를 가진 것이 아니라,
독특한 잠재력을 가진 것이다.
이를 교육적으로 발견하는 것이 중요하다."

토니 아트우드 (Tony Attwood)

발화 수업과 행동 규칙의 중요성

자폐 아동에게 발화 수업은 특별한 의미가 있다. 단순히 아이가 말을 하는지, 아닌지의 문제가 아닌, 자폐 아동의 사회적 소통의 가능성을 여는 중요한 시작점인 셈이다.

센터를 열고 처음 내가 맡았던 아이는 1급 자폐 아동과 무발화 상태의 아동 두 명이었다. 센터 초창기의 일이라 아이들 이름이 정확히 기억나지는 않지만, 처음 맡았던 아이들이기에 아이들을 상담했던 경험만큼은 내 뇌리에 또렷이 남아있다.

'이 아이들을 어떻게 가르쳐야 할까.'

나는 이런 고민 끝에 아이들에게 먼저 "엄마," "아빠," "누나"와 같은 기본 단어를 반복 학습하게 했다. 1급 자폐 아동에게는 단어가 아닌 문장을 만들면서 표현력을 키우는 데 초점을 맞췄다.

아이들은 내가 걱정했던 것보다는 빠르게 성장해나갔다. 무발화였던 아이는 두 달만에 "엄마"와 "아빠"를 발음하기 시작했고, 사진을 활용한 수업을 통해 가족을 식별하는 등 발화의 범위를 확장해 나갔다.

행동 규칙과 연습의 중요성

자폐 아동을 지도하기 위해서는 행동 규칙을 설정하고 이를 반복적으로 연습시키는 것이 핵심이다. 특히 1급 자폐 아동에게는 명확한 행동 규칙을 정하고, 이를 이해하고 따를 수 있도록 지속적으로 가르쳐야 한다.

예를 들어, 놀이터에 가기 전 상황을 떠올려보자. 아이가 놀이터를 가고 싶어할 때 '신발을 신어야 한다'는 규칙을 제시하면서 이렇게 말해 보는 것이다.

> "신발 신으면 놀이터 가요.
> 신발 안 신으면 놀이터 안 가요.
> 어떻게 할까요?"
> (이때, 제스처를 같이 사용하는 것이 중요하다.)

이렇게 말했을 때 아이가 규칙을 따르면 "신발 신어서 놀이터 가는 거죠"라고 칭찬하고, 따르지 않을 경우 놀이터에 가지 못하게 해야 한다. 아이의 행동을 안정시키고, 스스로 규칙을 따르도록 돕기 위한 일종의 훈련이다.

물론, 규칙과 반복 연습만으로는 자폐 아동에게 충분한 변화를 이끌

어낼 수 없다. 가장 중요한 것은 교사와 아이 간의 교감과 공감이다. 아이가 불안해할 때, 교사는 아이의 눈빛과 행동을 읽으며 감정을 안정시키는 데 집중해야 한다.

만약 동물을 좋아하는 아이가 있다면, 피규어를 활용해 놀이를 함께 하면서 아이가 스스로 참여하고 즐길 수 있는 환경을 만들어주는 것이다. 실제 우리 센터에 왔던 한 1급 자폐 아동 민호(가명)의 경우, 동물 피규어를 나란히 배열하는 상동 행동이 심했다. 나는 아이의 이런 행동을 보고 함께 놀이를 하면서 새로운 문장을 만들고 함께 언어 놀이를 했다.

센터에 처음 온 날, 민호는 한마디도 하지 않고 동물 피규어만 만지작거렸다. 아니, 그냥 만지는 게 아니라 반듯하게 줄을 맞춰 세우고 있었다. 사자, 기린, 코끼리, 얼룩말… 순서를 바꿔도 다시 처음부터 똑같이 배치했다.

나는 조용히 다가가 물었다.
"와, 동물 친구들이 줄을 잘 서 있네! 여기에 친구 한 마리를 더 추가해볼까?"

민호는 내 말을 듣지 않는 듯했다. 나는 그 옆에 앉아 나도 피규어 하나를 들었다.

"이 사자가 배고픈가 봐. 밥을 먹으러 가고 싶대!"

나는 사자를 조금 움직이며 말했다. 그 순간 민호의 손이 멈칫했다.

"코끼리는 어떻게 생각할까?"

나는 일부러 민호가 관심을 가질 만한 질문을 던졌다. 민호는 나를 힐끔 쳐다보더니, 조용히 코끼리를 옆으로 살짝 옮겼다.

"오~ 코끼리가 사자를 따라가네? 그럼 기린도 같이 갈까?"

나는 기린을 들어 올려 걸어가듯 움직였다.

그러자 민호가 처음으로 피식 웃었다. 그리고는 조용히 속삭이듯 말했다.

"기린… 같이 가."

나는 속으로 기쁨을 감출 수 없었다.

"맞아! 기린도 같이 가야지! 사자는 고기 먹고, 코끼리는 풀 먹고, 기린은 뭐 먹을까?"

민호는 작은 손으로 기린 피규어를 가리키며 대답했다.

"잎사귀…"

그 순간은 처음으로 민호가 자기 생각을 표현한 거였다. 그날 이후, 민호와 피규어 놀이를 하며 점점 더 많은 대화를 나눴다. 사자가 심심해하면 기린이 달려오고, 얼룩말이 길을 잃으면 코끼리가 도와주었다. 그리고 그렇게, 민호의 마음도 천천히 활짝 열리기 시작했다.

놀이와 학습의 연계

놀이를 통해 감정과 언어를 표현하는 법을 배운 아이들은 이후 학습에서도 긍정적인 변화를 보인다. 처음에는 단순한 놀이였지만, 점차 새로운 단어를 배우고, 자신의 생각을 말로 표현하는 연습을 하면서 학습에 대한 자신감이 생기게 된다.

이 과정에서 단순히 놀이만 하는 것이 아니라, 아이들이 자연스럽게 학습에 접근할 수 있도록 학습지를 활용하거나, 숫자와 글자를 접할 수 있는 활동을 준비해야 한다. 예를 들어, 동물 피규어 놀이를 하면서 동물의 이름을 따라 써보게 하거나, 피규어를 개수별로 나누며 수 개념을 익히게 하는 방식이다.

또한, 아이들이 작은 목표를 달성할 때마다 칭찬해 주면서 동기를 부여한다. 예를 들어, "우와! 오늘은 네가 사자의 이름을 직접 써봤네! 정말 멋져!"라고 격려하면, 아이들은 더욱 자신감을 갖고 다음 학습에도 적극적으로 참여하게 된다.

이처럼 놀이와 학습이 자연스럽게 연결되면, 아이들은 학습을 어렵고 지루한 것이 아니라 재미있는 경험으로 받아들이게 된다. 그리고 스스로 규칙을 이해하고, 칭찬을 통해 성취감을 느끼면서 새로운 기술을 배우는 데도 긍정적인 영향을 받는다.

우리 아이가 말을 할 수 있을까요?

자폐 아동을 둔 부모들이 가장 많이 하는 질문 중 하나가 "우리 아이가 말을 할 수 있을까요?"이다. 이 질문은 단순히 말을 배우는 것만을 의미하지 않는다. 부모들은 아이가 단어를 익히고 문장을 만드는 것뿐만 아니라, 다른 사람들과 자연스럽게 소통하고 사회적인 관계를 맺을 수 있을지에 대해 걱정을 하는 것이다.

즉, 말하는 능력 자체보다는 사회적 상호 작용과 의사소통이 가능할지에 대한 불안이 크다. 단순히 단어를 따라 말하는 것이 아니라, 상대방의 말을 이해하고 대화의 흐름을 자연스럽게 이어갈 수 있는지가 중요한 문제이기 때문이다.

이때 아이의 언어 발달을 단순한 말하기 연습이 아니라, 놀이, 감정 표현, 사회적 상호 작용을 포함하여 통합적으로 접근해야 한다. 말을 가르치는 것이 아니라, 자연스럽게 소통하는 법을 익히도록 돕는 것이 핵심이다.

첫 발화의 순간

수진(가명)이는 아홉 살, 아직 한 마디도 내뱉지 못하는 아이였다. 수진이 어머님은 아이가 말을 할 수만 있다면 무슨 짓이든 하겠다고 할 정도로 간절한 상태였다.

그럴 때마다 나는 아이가 당장 말을 못한다고 해서 좌절할 필요는 없다고, 말은 목소리로만 하는 것이 아니라고 알려주었다.

그리고 처음 상담하는 날, 나는 수진이와 마주 앉았다. 그리고 작은 가족 사진을 꺼내 들고 조용히 말했다.

"이건 누구야? 엄마. 한번 따라 해볼까?"

수진이는 눈을 크게 뜨고 사진을 바라봤다. 하지만 입을 열지 않았다.

하루, 이틀, 한 주, 두 주… 시간이 흘러도 수진이의 입술은 굳게 닫혀 있었다. 대신 고개를 끄덕이며 대답했다. 말을 하고 싶다는 마음이 보였다.

그러던 어느 날, 아마 한 달이 지났을 무렵이었을 것이다.

수진이는 평소처럼 사진을 보며 가만히 있었다. 그런데 갑자기 입술이 떨렸다. 아주 작은 소리였지만, 분명히 발음을 했다.

"엄… 마."

수진이 엄마는 순간 너무나도 놀라서 손으로 입을 막았다. 눈에는 눈물이 그렁그렁했다.

그날 이후, 수진이가 세상과 소통하는 첫걸음이 시작되었다.

"아빠."

"누나."

하나씩, 천천히, 수진이는 가족을 향해 말을 넓혀나갔다. 기적 같은 순간이었다.

상동 행동을 역으로 이용하기

발화가 어려운 아이들은 상동 행동이 심하다. 너무 심해서 엄마는 종종 아이를 가르치는 걸 포기하기도 한다. 하지만 나는 상동 행동이 심한 아이일수록 엄마가 인내심을 갖고 아이와 꾸준히 함께 하는 행동이 중요하다고 강조한다.

몇 해 전 상담했던 창우(가명)는 언제나 같은 행동을 반복했다. 자동차 장난감을 나란히 배열하는 독특한 습관이 있었다. 순서를 바꾸면 금세 다시 원래대로 정리했다.

처음에는 말을 걸어도 반응이 없었다.

나는 창우가 좋아하는 놀이를 그대로 활용하기로 했다. 장난감 하나를 집어 들며 천천히 말했다.

"이건 소방차야. 소방차가 빵빵거리네."

창우는 눈길도 주지 않았다. 하지만 나는 포기하지 않았다. 매일 같은 놀이를 반복했다.

그러던 어느 날, 예상치 못한 일이 벌어졌다. 창우가 갑자기 장난감을 내려놓더니, 아주 작은 목소리로 말했다.

"소방차…"

나는 깜짝 놀랐다. 그리고 너무 기뻐서 박장대소하며 웃었다.

"맞아! 소방차! 빵빵!"

그날 이후, 창우의 말은 점점 늘어갔다.
"소방차 줘."
그리고, 어느 날은 장난감을 꼭 쥔 채 나를 바라보며 또렷이 말했다.
"기분 좋아."
나는 순간 너무나도 놀랐다. 창우가 자신의 감정을 표현한 것이다.
장난감을 꼭 쥐고 환하게 웃는 창우를 보며 나는 창우 부모님에게 말했다.
"아이가 절대 안 변할 것 같아도, 변화의 시작점만 찾으면 발화를 할 수 있습니다. 중요한 것은 아이를 있는 그대로 받아들이고 기다려주는 거예요."

CHAPTER 3

자폐 아이와의 눈 맞춤

자폐 아동을 둔 부모들은 아이와 더 친밀한 관계를 맺고 싶어 하지만, 때로는 아이가 신체 접촉이나 감정을 나누는 것을 어려워할 수도 있다.

이럴 때, 부모가 먼저 아이의 신호를 기다리고 존중하는 태도를 가지는 것이 중요하다. 나는 부모들에게 상담할 때 이렇게 조언한다.

"그냥 아이를 만지면 안 돼요. 아이에게 먼저 허락을 구하고 행동하셔야 해요."

예를 들어, "엄마가 안아줄까?"라고 먼저 물어보는 것이다. 아이가 직접 다가와 안기면 부모도 아이를 안아주고, 그렇지 않다면 기다려야 한다.

이 방법을 사용하면 아이가 '자신이 선택할 수 있다는 느낌(통제감)'을 가지게 되고, 부모와의 신체 접촉을 더 편하게 받아들일 수 있다. 또한, 부모가 아이의 의사를 존중하는 태도를 보이면 신뢰가 형성되어 관계가 점점 더 가까워질 수 있다.

아이에게 먼저 허락을 구하세요

자폐 아동을 둔 부모들은 아이와 더 친밀한 관계를 맺고 싶어 하지만, 때로는 아이가 신체 접촉이나 감정을 나누는 것을 어려워할 수도 있다.

이럴 때, 부모가 먼저 아이의 신호를 기다리고 존중하는 태도를 가지는 것이 중요하다. 나는 부모들에게 상담할 때 이렇게 조언한다.

"그냥 아이를 만지면 안 돼요. 아이에게 먼저 허락을 구하고 행동하셔야 해요."

예를 들어, "엄마가 안아줄까?"라고 먼저 물어보는 것이다. 아이가 직접 다가와 안기면 부모도 아이를 안아주고, 그렇지 않다면 기다려야 한다.

이 방법을 사용하면 아이가 '자신이 선택할 수 있다는 느낌(통제감)'을 가지게 되고, 부모와의 신체 접촉을 더 편하게 받아들일 수 있다.

또한, 부모가 아이의 의사를 존중하는 태도를 보이면 신뢰가 형성되어 관계가 점점 더 가까워질 수 있다.

부정어와 부정적 이미지의 제거

센터를 오픈하고 얼마 지나지 않아 찾아온 강희(가명)가 생각난다. 강희는 심각한 행동 문제와 의사소통의 어려운 환경에 있었다.

나는 아이가 엄마를 바라보는 눈을 마주칠 때마다, 강희가 부모의 양육 방식에 대한 분노감을 표현하는 듯했다.

강희는 엄마에게 안아달라고 요청하는 대신, 도망가거나 할퀴는 행동을 보였다. 반면, 엄마는 이를 아이의 반항으로 해석하며 화를 내는 패턴을 반복했다.

상담 과정에서, 강희 엄마는 내 조언 대로 아이와의 관계를 회복하기 위해 먼저 정서적 거리를 두고 아이의 신호를 기다리는 법을 배우게 되었다.

나는 강희 엄마에게 과거의 불안과 부정적인 기억이 현재의 행동 문제로 연결되지 않도록 부정어 사용을 지양하고, 작은 성취에도 감사와 칭찬을 표현하라고 권했다.

예를 들어, 아이가 "응!"이라고 대답했을 때, 엄마는 "강희가 '응'이라고 대답해주니 엄마 너무 기뻐"라고 말하며 긍정적인 피드백을 주는 방식이다. 이렇게 하면 아이는 엄마와의 소통에서 긍정적인 감정을 느낄 수 있게 된다.

이런 부모의 반응 변화가 아이에게 얼마나 도움이 될까? 매우 큰 도움을 준다. 아이의 변화는 손잡기와 같은 작은 행동에서부터 시작된다.

과거에는 엄마가 아이의 손을 먼저 잡고, 강희가 이를 뿌리치면 화를 내는 방식이었다. 그러나 상담 이후, 엄마는 아이가 먼저 손잡기를 요청하도록 기다렸고, 아이가 손을 잡고 싶어하는 행동을 보이면, 엄마가 "엄마가 손잡아줄까"하고 물은 뒤, "네"라고 말하게 하고 손을 잡았다. 그리고 "우리 강희 말도 잘하네"라고 칭찬을 해줬다.

이러한 엄마의 변화는 강희에게 자신감을 주고, 아이의 분노가 점차 줄어 들며, 엄마를 신뢰를 할 수 있게 해주었다.

강희가 "좋아!"와 같은 작은 말 한마디에도 기뻐하며 눈물을 흘리자 강희는 엄마의 눈물을 닦아주려고 하는 모습을 보이기도 했다.

하지만 이 모습을 본 나는 강희 엄마의 손을 잡으면서 말했다. "엄마 눈물을 닦아주기 바로 전에 "엄마, 울지마" "엄마, 슬퍼"를 모방하게 하세요."

그리고 이렇게 며칠 훈련을 거친 뒤 강희는 비로소 문장 발화가 되기 시작했다.

아이가 엄마를 점차 신뢰하고 정서적으로 받아들이기 시작한 것이다. 이 과정에서, 엄마는 과거의 양육 방식을 반성하며, 아이의 특성과 필요에 맞춘 새로운 관계 형성을 배우게 되었다.

발화 훈련을 하는 과정

발화 훈련에는 몇 가지 패턴이 있다. 특히 아이의 상황에 맞게 훈련을 해줘야 하는데, 이때 부모는 아이의 기질과 성향을 정확히 파악할 필요가 있다.

자세가 불안정한 아이

자폐 아동 승찬(가명)이의 사례가 생각난다. 승찬이는 발성이 약하고, 코로 소리 내는 비강 소리를 주로 사용했다. 울 때는 진성 목소리를 냈지만, 일상적으로는 대부분 코 소리가 주를 이뤘다. 발화 수업에 들어가기 전, 승찬이는 늘 카드를 40분 동안 들여다보며 한 장 한 장 넘기곤 했다. 작은 손가락으로 반복하는 동작을 보면 승찬이는 소근육이 약하고 자세가 유난히 불안정했다.

"선생님이 카드 줄까?"

내가 카드를 흔들며 말을 건네자, 승찬이는 콧소리를 내며 웃었다. 그러나 여전히 카드에서 눈을 떼지 못한 채 같은 동작을 반복했다. 나는 한동안 승찬이를 관찰하며 행동을 살폈다.

"얘는 코로만 소리를 내네요. 입으로 발성은 아직 못 하는 것 같아요."

엄마는 잠시 머뭇거리더니, 조심스레 물었다.

"저희 애를 고칠 수 있을까요?"

"복근에 힘을 길러야 발성도 좋아질 거예요."

엄마는 잠시 망설였지만, 곧 고개를 끄덕이며 결심한 듯 말했다.

"포기하지 않고 한 번 해볼게요."

그렇게 승찬이와 복근 운동이 시작되었다. 수업은 20분의 운동, 30분의 발화 훈련, 그리고 놀이로 구성됐다. 누운 자세에서 다리 들어 올리기, 엎드린 자세에서 다리 뒤로 들기 같은 동작들이 반복됐다.

"다리를 들어볼까?"

나는 승찬이를 매트에 눕히고, 다리를 가볍게 들어 올렸다. 승찬이의 표정은 생전 처음 경험하는 동작에 당황한 기색이 역력했다.

"다리를 스스로 들어볼래?"

내가 이렇게 묻자, 승찬이는 다리를 조금 들어 올리다 이내 힘없이 바닥으로 떨어뜨렸다.

"잘했어. 조금씩 더 해보자."

내 칭찬에 승찬이 눈빛이 조금씩 달라지기 시작했다. 승찬이는 다시 발을 들어 올리기를 시도했다. 나중에 들은 얘기로는 교실 문 밖에서 수업 내용을 듣고 있던 엄마는 눈시울을 붉혔다고 한다.

소근육 발달과 작업 치료

승찬이는 카드를 잡고 넘기는 행동을 반복했다. 이는 소근육 발달에는 도움이 되는 행동이었지만, 카드를 떨어뜨리면 스스로 주워 올리지 못했다.

나는 승찬이의 손끝을 마사지하며 작은 신경들을 깨우는 작업을 시작했다.

"아파?"

내가 묻자, 승찬이는 고개를 저으며 자신의 손끝을 바라보았다. 이후, 손가락으로 카드를 잡고 올리는 연습도 병행했다.

처음엔 승찬이가 카드를 자주 놓쳤지만, 몇 주가 지나자 스스로 카드를 주워 손에 올릴 수 있게 됐다.

수업이 끝난 후 엄마와의 상담 시간이 되었다.

"이제 카드를 떨어뜨릴게요. 승찬이가 직접 주워볼까?"

나는 바닥에 떨어진 카드를 가리켰다. 승찬이는 내가 아니라 엄마를 바라봤다.

아이의 시선을 느낀 엄마는 '도와주시면 안 돼요.'라고 말하는 내 눈짓을 보고 멈칫했다.

승찬이의 작은 손이 망설이며 바닥을 향했다. 첫 번째 시도는 실패였다. 그러나 두 번째 시도에서는 카드 끝을 잡아 올리는 데 성공했다.

"정말 잘했어!"

내 칭찬에, 승찬이는 그제야 환한 미소를 지었다.

발화 훈련과 놀이의 조화

발화 훈련은 아이가 좋아하는 낱말 카드를 주된 교구로 활용하는 방식으로 이뤄지곤 한다.

"수박."

내가 이렇게 말하면, 승찬이는 코로 소리를 냈다. 승찬이가 코로 소리를 낼 때마다 나는 콧망울에 내 손을 가져다놓고, 입으로 소리가 나오게 유도했다.

"수박!"

승찬이가 작은 목소리로 말을 하면. 나는 환히 웃으며 승찬이에게 말했다.

"승찬이 잘했어~! 이제 수박 카드 찾기를 해보자!"

승찬이는 내 말을 듣고 수박 카드를 찾아냈다. 그때부터는 카드를 이용한 놀이와 발화 훈련이 자연스럽게 하나로 엮이기 시작했다.

몇 주가 지나자, 승찬이는 더 이상 카드를 놓치지 않았다. 코로만 내던 소리도 점차 입으로 전환되었다. 혼자서 카드를 들고 놀며, 스스로 미소를 지었다.

복근 운동, 소근육 발달, 발화 훈련을 결합한 통합적 접근은 분명 효과를 보였다. 신체적 운동과 언어 치료가 서로를 보완하면, 아이의 행동 패턴을 바꿀 수 있다는 사실을 확인할 수 있는 사례이다.

왜 이런 아이가 내게 태어났을까

치과의사였던 민주(가명)의 아버지는 자폐라는 현실을 마주하며 자신과의 싸움에 휘말렸다. 완벽주의자인 그는 치료 결과가 보이지 않을 때마다 분노를 억누르지 못했다.

"민주는 왜 빨리빨리 좋아지지 않아?"

"민주도 노력하고 있어."

어느 날, 운전 중 분노가 폭발한 아버지를 본 민주의 엄마가 말했다. "당신이 화를 내면 낼수록 아이는 아빠에게서 더 멀어질걸?"

아버지는 아무 대답도 하지 못한 채 이를 꽉 깨물었다.

아이가 부모에게 다가가지 않는 이유

부모의 이야기를 모두 들은 뒤, 아버지에게 민주의 이야기를 들려주었다.

"민주는 아빠를 좋아해요. 하지만 다가가지 못하는 이유가 뭔지 아세요?"

아버지는 고개를 저으며 아무 대답도 하지 못했다. 나는 잠시 침묵하다가 말했다.

"아빠의 분노가 아이에게 벽을 만들었어요."

그제야 아버지는 자신의 행동이 아이에게 어떤 영향을 미쳤는지 알게 되는 듯 했다. 그는 내 권유로 민주를 안아보았다.

"아빠…"

아이가 떨리는 목소리로 그를 부르는 순간, 아버지의 눈물이 쏟아졌다.

그날 이후, 아버지는 집에서 민주와 함께 시간을 보내는 것을 늘리기 시작하기로 했다.

부모는 경제적 지원이 전부일까?

민주의 부모는 경제적으로 부유한 환경에서 생활하며 아이에게 애정을 쏟고 있었다. 하지만 부모가 바쁜 일정을 소화하느라 치료와 양육의 책임을 다른 사람에게 맡기면서, 아이와의 상호 작용은 부족한 상황이었다.

엄마는 아이와 놀아줄 시간을 하루 30분에서 1시간 정도로 약속했지만, 바쁜 일정으로 약속을 지키지 못한 날이 많았고 아빠는 치료 효과에 대한 불신과 좌절이 남아 있는 상황이였다. 가끔 아빠는 아이를 "이 바보야!"하고 부르며 자신의 감정을 폭발시키기도 했다.

센터에서 민주 부모와 상담을 진행하며, 나는 상황을 타개할 필요성을 절실히 느꼈다. 이에 아이의 치료를 명사 카드를 활용한 발화 수업으로 시작했다.

아이는 "포도"를 말하지 못하고, "허어"라는 소리를 내며 어렴풋이 의사소통을 시도했다. 나는 아이가 조금씩 발성을 내기 시작한 것을 긍정적으로 평가하며, 엄마에게 "포기하지 말고 지속적으로 반응을 보여달라"고 당부했다.

민주 아빠의 불신

그러기를 반복하던 중 어느 토요일 민주 아빠와의 독대가 이루어졌다. 민주는 놀이터에 가고 싶어서 "이터"라는 단어를 말했지만, 아빠는 이를 말로 인정하지 않았다.

"선생님, 그런데 저렇게 하는 것도 말이에요?"

반문하는 아빠에게, 나는 차분히 설명했다.

"아버님, 지금 아이는 엄청난 노력을 기울여 콧소리 대신 입을 통한 발성으로 의사를 표현한 겁니다. 아이의 상태를 또래 아이들과 비교하지 말아주세요."

그러나 내 설명에도 아빠는 여전히 불만과 불신을 드러냈다.

"또래 아이처럼 말해야 하는 거 아닌가요?"라는 민주 아빠의 질문에, 나는 단호히 답했다.

"아이는 말을 하고 있습니다. 발성이 약하고 호흡이 약한데도, 소리 내어 의사를 표현하고 있잖아요. 놀이터는 아니지만 '이터 이터'라고 말하고 있잖아요. 아이는 아플 뿐, 지금 이 순간에도 자라고 있습니다. 지금 아이의 작은 변화에 반응하고 칭찬해주시는 것이 가장 중요한 치료 과정이에요."

나는 민주 아버지와 상담을 해야 할 필요성을 느끼고 이렇게 말했다.

"아버님께서 눈빛으로 아이와
저를 압박하시는 게 느껴집니다.
무엇이 그렇게 불편하신지 함께 이야기해볼까요?"

나는 민주 아빠와 상담을 통하여 그가 자신의 감정을 직면할 수 있도록 유도했다. 그는 자신의 감정을 계속 부정했지만, 한순간에 본인의 감정을 직면하게 되었고 그 순간에 솔직한 마음을 말하였다.
"제가 많이 불편했던 것 같네요. 아이가 기대처럼 되지 않아서 화가 났던 것 같아요."
민주 아빠는 아이가 또래 아이처럼 성장하지 못하는 현실에 좌절하며 스스로를 탓함과 동시에 불완전한 결과에 화가 났던 것 같다고 했다.

작은 변화가 가져온 희망

민주가 발화 수업을 통해 "엄마," "아빠"라는 단어를 어눌하게나마 발음할 수 있게 되면서, 민주 엄마는 큰 기쁨을 느꼈다.

"엄마!"

아이의 목소리를 듣고, 민주 엄마는 감격하며 말했다.

"정말 잘했어, 우리 민주 너무 잘한다! 민주 똑똑해."

이러한 칭찬은 작은 것이라도 아이에게 큰 동기를 부여한다.

민주 아빠는 나와의 상담 후에도 아이의 변화에 무심한 태도를 보이는 것 같았으나, 점차 미소를 보이기 시작했다.

나는 그런 민주 아빠를 격려했다.

"아이의 노력에 반응해주는 것만으로도 큰 변화를 만들 수 있습니다. 아버님의 칭찬이 아이에게 가장 큰 동력이 될 거예요."

◆ **최수아 원장의 조언**

"치료 과정에서 부모의 역할은 단순히 치료를 지원하는 것을 넘어, 아이의 작은 성취에도 기뻐하고 공감하는 태도를 보여주는 것이 중요해요. 부모가 아이와의 상호 작용을 통해 아이의 발달에 얼마나 큰 영향을 미칠 수 있는지 잊지 말아야 합니다!"

자폐는 조기 치료가 중요해요

 자폐 아동의 발달을 돕기 위해서는 아이의 관심사와 놀이를 활용하여 자연스럽게 상호 작용을 유도하는 것이 중요하다. 아이가 불안을 느끼지 않도록 편안한 환경을 조성하고, 신뢰가 형성될 때까지 서서히 거리를 좁혀가야 한다. 이 과정에서 부모와 치료 교사는 일관된 방식으로 접근하며, 작은 성취에도 즉각적인 칭찬과 보상을 제공하여 아이의 자신감을 키워야 한다. 이렇게 꾸준한 노력과 협력이 이루어지면, 아이는 점차 사회적, 정서적 성장과 언어 발달의 변화를 경험하게 된다.

가만히 있지 못하고 끊임없이 움직이는 아이

라이언은 미국 시카고에서 살던 23개월 된 아이였다. 라이언은 또래처럼 부모와 놀이를 즐기며, 퇴근한 아빠에게 달려가 안기는 밝은 아이였다.

그러나 어린이집에 다니기 시작하면서부터, 상황이 변하기 시작했다. 어린이집에서 다양한 인종의 아이들과 어울리게 된 라이언은 점차 사람을 무서워하기 시작했다. 낯선 이 앞에서는 눈을 마주치지 않았고, 엄마에게 달라붙었다. 밤에는 잠을 이루지 못하며 불안 증세를 보였다.

미국 병원에서 자폐 진단을 받고 치료를 시작했으나, 라이언의 불안은 오히려 더 높아졌고 거부 행동이 많아졌다. 급기야 담당 의사는 부모에게 이렇게 말했다.

"모국에 가서 발화를 해서 다시 오십시오."

엄마는 큰 결심을 하고 라이언만 데리고 한국으로 귀국했지만, 라이언의 불안 증세는 사라지지 않았다. 엄마 품에서도 안정감을 찾지 못하고, 집 안을 배회하며 무엇인가를 찾는 듯한 행동을 반복했다고 한다.

사물을 이용한 발화 훈련

센터에 온 첫날, 라이언은 문을 들어서자마자 긴장한 표정으로 주변을 둘러보았다. 엄마의 말에 의하면, 집에서도 라이언은 가만히 앉아 있지 못하고 끊임없이 움직인다고 하였다.

나는 상담을 시작하며 라이언의 행동을 유심히 살폈다.

"라이언은 낯선 곳에서 물건에 관심을 보인 적 있나요?" 내가 물었다. "자동차를 참 좋아해요. 항상 자동차 장난감을 가지고 놀아요". 엄마는 조심스럽게 대답했다.

나는 잠시 생각한 뒤, 자동차 장난감을 아이 앞에 두었다. 라이언은 한참 주위를 살피더니, 조심스럽게 장난감을 집었다.

"라이언, 자동차 재미있니?"

나는 엎드린 채 라이언의 얼굴보다 낮은 위치에서 라이언을 쳐다보며 부드럽게 말을 걸었다. 라이언은 자동차를 바라보며 처음으로 미소를 지었다.

"라이언이 자동차를 좋아하니 자동차로 놀이를 하면서 자동차 장난감을 이용하여 발화를 시킬 것입니다." 라이언의 엄마에게 그렇게 말해 준 뒤, 다음날부터 나는 자동차를 활용한 발화 훈련을 시작했다.

"이건 뭐야? 버스!"

내가 소리치자, 라이언은 버스를 손에 들고 나를 바라봤다.

버스를 앞으로 밀며 "브릉, 브릉" 소리를 내자, 라이언도 같은 동작을 따라 했다.

　몇 주 후, 라이언은 "차!"라고 짧게 말하며 자동차를 엄마에게 보여주는 데까지 성공했다.

　엄마는 감격한 얼굴로 말했다.

　"라이언, 정말 잘했어! 라이언 똑똑해."

불안 증세의 완화와 치료 접근

라이언 같은 아이는 불안을 줄이기 위해 안정적인 환경을 조성하고, 규칙적인 놀이로 신뢰를 형성하는 게 중요하다. 라이언의 불안 증세는 몇 가지 특징으로 나타났다.

◇ 라이언의 증상
- 엄마와의 신체적 거리 유지: 엄마 품에서도 안정감을 느끼지 못하고 주변을 배회함
- 낯선 사람에 대한 두려움: 교사가 손을 내밀자 눈을 크게 뜨고 엄마 뒤로 숨음
- 상동 행동: 자동차 장난감을 반복적으로 움직이며 집중

◈ **라이언의 치료 방법**

① 놀이를 통해 접촉하기

자동차처럼 아이가 좋아하는 물건을 활용해 상호 작용을 시도하는 것이 좋다.

② 수시로 칭찬해주기

아이가 단어를 말하거나 행동을 따라 할 때 즉각 칭찬과 보상을 제공해주는 게 좋다.

③ 점진적 거리 좁히기

아이가 편안함을 느낄 때까지 거리를 유지하고, 서서히 가까워지는 방식으로 신뢰를 쌓아야 한다.

이렇게 진행하고 몇 달이 지나자, 라이언은 나와 눈을 마주치며 웃기 시작했다. "엄마, 차! 할미 차! 할비 차!"라는 단어를 뚜렷하게 말하며 자신감을 보이기까지 했다.

수업 시작한 지 7개월이 지나고, 라이언은 자동차 장난감을 들고 와 가족과 대화를 시도하기 시작했다. 할머니가
"이거 어디서 샀어?"라고 물으면,

라이언은
"마트!"라고 대답하며 자신감을 드러냈다.

라이언의 엄마는 내가 알려준 코칭에 따라 집에서도 놀이를 이어갔고, 아빠는 라이언은 미국에 있는 아빠와의 전화 통화에서, "대디, 대디"라고 말했고, 아빠가 "헬로우 라이언"이라고 말하자, "헬로우"라고 반응했다. 라이언의 작은 행동에도 칭찬을 많이 했다. 이러한 작은 변화들은 라이언의 불안을 덜어내는 데 중요한 전환점이 되었다.

◇ **최수아 원장의 조언**

라이언의 사례는 자폐 아동에게 조기 치료와 안정된 환경이 얼마나 중요한지를 잘 보여줍니다. 아이의 관심사와 특성을 이해하고 그에 맞는 접근법을 적용하면, 초기의 불안 증세가 완화되고 발달에 긍정적인 변화를 가져올 수 있습니다. 부모와 치료 교사의 협력은 아이의 성장과 발달을 가속화시키는 핵심 요소입니다.

센터에 가면 소리지르는 아이

"아이를 맡기고 싶지만, 정말 괜찮을까요?" 지아(가명)를 처음 맡길 때, 엄마의 눈에는 불안이 가득했다. 엄마는 여러 치료센터를 방문했지만, 들어갈 때마다 아이가 울고 소리를 질러 효과를 보지 못했다고 했다.

지아는 센터에 도착한 첫날, 문을 열고 들어오자마자 엄마에게 꼭 붙어 주변을 살폈다. 낯선 공간에 대한 두려움이 역력히 보였다. 엄마와 상담을 시작했지만, 아이는 엄마 곁에서 떨어지지 않았다.

아이를 다그치는 부모

수업이 시작되고 엄마랑 분리가 되자, 지아는 곧장 울음을 터뜨렸다. 교실문 안에서 들려오는 울음소리에 불안하고 걱정하고 있을 엄마에게 "지아가 울어도 기다려 주세요"라고 먼저 문자를 보내고 차분히 아이와 수업을 이어갔다.

"여기 싫어? 지아가 울어요. 엄청 크게 울어요. 선생님이 안아줄까?" 내가 양손을 벌리고 다가가자, 지아는 눈을 크게 뜨고 고개를 흔들며 2~3미터 뒤로 도망쳤다.

"지아는 선생님이 안아주는 게 싫구나."

"그럼 선생님이 '멈춤'하고, 지아 말 공부 도와줄게."

지아는 내 말을 듣고 울음을 멈추었다. 미소를 지으며 이 물건 저 물건을 만지고 바닥에 내려놓기 시작했다.

나는 지아가 물건을 내려놓을 때마다,

"그건 인형, 그건 사자, 그건 공룡"이라며 끊임없이 말해주었다.

"여기는 지아가 신나게 놀 수 있는 곳이야."

얼마 후, 지아가 내게로 다가오더니 양팔을 벌리며 안겼다.

"지아는 아는 것도 많아요. 지아는 똑똑해요."

나는 지아를 칭찬해주었다.

"포도를 줄까? 아니면 버스를 줄까?" 부드러운 목소리로 말을 걸며 다양한 장난감을 보여주었다. 지아는 한참을 쳐다보기만 하였다.

"버스! 이거 보자. 이건 뭐지?"

지아의 손이 천천히 버스를 향했다. 비록 말을 하진 않았지만, 관심을 보이며 장난감을 만지기 시작했다.

이후 수업에서 지아는 내가 준비한 장난감을 탐색하며 점차 안정감을 찾아갔다. 수업이 끝난 후 엄마는 교실에 들어오자 마자 지아를 향해서 말했다.

"왜 울었어? 엄마가 울지 말라고 했지!"

엄마가 지아에게 처음 한 말이었다. 지아는 고개를 푹 숙였다.

"여기서 울면 안 돼. 알았지?"

지아 엄마는 나에게 지아의 울음소리에 심장이 터질 듯했다고 말했다.

나는 그 모습을 보고, 차분히 지아 엄마에게 코칭을 했다.

"어머님, 지금은 아이가 여기서 울면서도 버텨냈다는 걸 칭찬해 주셔야 합니다. 울음 자체를 비난하면 아이는 더 불안해할 수 있어요. 이곳은 아이가 보호받을 수 있는 공간이라는 인식을 심어주는 게 우선이에요."

엄마는 내 말을 듣고 잠시 말을 멈추더니, 아이를 안았다.

"우리 지아, 정말 잘했어. 고마워."

그제야 지아는 엄마의 품에서 웃음을 지어 보였다.

치료의 진전

수업 회차가 진행될수록 지아는 적응을 잘 해나갔다. 모든 장난감을 활용한 발화 수업에서, 나는 지아의 행동에 맞춰 단어를 하나씩 가르쳤다.

"이건 버스야. 버-스!"

아이는 작은 목소리로 따라 하기 시작했다.

"버…스…"

며칠 후, 지아는 교실에 들어오더니 "피쉬 피쉬"라며 나를 쳐다보았다.

"응, 영어를 아주 잘하는구나. 그래, 피쉬 물고기."

"물고기."

"레드, 빨강 색."

"빨강 색."

이런 대화를 통해, 지아는 조금씩 변화를 보이기 시작했다. 어린 아이의 이런 변화는 미래를 꿈꿀 수 있게 된다.

처음과 다르게, 엄마와 아빠가 지아의 말에 반응하며 칭찬을 아끼지 않았다. 이로 인해 지아의 말에 대한 자신감과 행복 지수는 크게 상승했다.

처음 센터 방문하였을 때 불신하던 지아의 엄마는 아이가 자발적으로 단어의 발화가 시작되자 센터를 신뢰하기 시작했다.

◈ 지아의 증상

- 엄마와의 분리 불안: 센터에 도착하자마자 엄마에게 꼭 붙어 떨어지지 않음
- 낯선 환경에 대한 두려움: 새로운 공간에서 경계하며 주변을 살피고 쉽게 울음
- 신체 접촉 회피: 교사가 다가가 안아주려 하자 뒷걸음질하며 거부
- 의사소통 어려움: 관심 있는 물건을 가리키지만 말을 하지 않고, 반응이 적음

◈ 지아의 치료 방법

① 감정 존중 및 놀이 활용하기

아이가 울음을 터뜨려도 "울지 마"라고 울음을 멈추게 강요하지 않고 기다려주며, 스스로 마음을 열 수 있도록 유도하고 장난감을 활용하여 자연스럽게 상호 작용을 유도하고, 놀이를 통해 단어를 익히도록 함

② 긍정적인 강화(칭찬과 보상)

지아가 울음을 참거나 새로운 행동을 시도할 때 즉각 칭찬해 자신감을 키우고 부모에게도 아이의 노력을 인정하고 격려하는 방법을 교육하여, 가정에서도 긍정적인 반응을 유도

③ 점진적인 적응 유도

처음에는 엄마 곁에서 놀이를 하며 익숙해지도록 한 후, 점차 부모와의 분리 시간을 늘려나가며 아이가 안정을 찾으면 교사와 놀이를 통해 점진적으로 언어 발화를 유도

④ 자연스러운 언어 촉진

아이가 좋아하는 장난감을 활용해 단어를 가르치고, 관심 있는 물건을 탐색하는 과정에서 자연스럽게 발화를 유도하고 영어 단어와 한글 단어를 함께 알려주며, 아이가 말하는 시도를 할 때마다 즉각적으로 반응해 줌

◇ **최수아 원장의 조언**

"발달지연(자폐스펙트럼, 단순 언어지연 등)아동에게 불안은 단순히 심리적 상태가 아니라, 발달 과정에서 중요한 요소입니다. 지아는 초기에 울음으로 수업을 거부함으로 치료에 어려움이 있었지만, 부모와 교사의 협력을 통해 발화와 행동 변화가 나타났습니다.

여기서 중요한 점은, 부모가 아이의 불안과 작은 성취를 이해하고 격려하며 함께 나아가는 자세입니다. 치료사는 아이의 특성과 관심사를 파악해 맞춤형 접근법을 적용해야 하고, 부모는 이를 신뢰하고 적극적으로 동참해야 합니다."

아이의 입장에서 불안을 이해해주세요

44개월 된 민우(가명)는 센터를 처음 방문했을 때, 불안을 온몸으로 표현하던 아이였다. 엄마의 품에 안겨 있었지만, 그 품조차도 완전한 안전지대는 아니었다. 민우는 주변 환경을 두리번거리며 예민하게 반응했고, 새로운 사람과 물건을 경계하며 시선을 피하거나 움츠리는 모습이 눈에 띄었다.

엄마는 밝고 활발했던 민우의 과거를 이야기하며, 센터에서 작은 희망의 실마리라도 찾고 싶어했다.

"12개월 무렵까지는 웃고, '사랑해'라는 말을 따라 했어요. 18개월쯤부터 어린이집에 보내고 저는 복직을 했는데 어느새 모든 게 변해있었어요. 이제는 낯선 사람이 다가오면 울거나 도망치는데, 아무리 생각해도 그 이유를 저는 모르겠어요."

관찰 상담 중 민우가 무릎을 꿇고 앉아, 자동차 장난감을 가지고 나란히 정렬을 하자, 엄마가 민우에게 "예쁜 다리 해야지"라고 말했다.

엄마의 말이 떨어지자마자 민우는 책상다리로 바꿔 앉았다.

민우가 젤리를 좋아한다는 엄마의 말에 젤리를 줬는데, 자동차 장난감 옆에 젤리를 두었다. 나는 민우에게 또다시 젤리를 건넸다. 이번엔 자신의 뒤에 젤리를 두는 모습을 보였다.

나는 엄마와의 상담내용과 민우의 행동관찰을 통해 민우는 분리 불안이 있는 아이임을 알 수 있었고, 불안의 시작점을 알 수 있었다.

민우의 불안은 엄마의 복직이 시작되면서 가중되었다. 문제는 이 사실을 아무도 눈치를 채지 못한 상태로 시간이 흐르면서 민우는 어느새 자기만의 세상으로 숨어버렸다.

불안과의 첫 대면

지금도 생각나는 것이 센터에서 민우의 첫 수업이다. 수많은 수업을 해왔지만 민우와의 수업은 결코 쉽지 않았다. 엄마가 교실을 나가자마자, 민우는 문을 두드리며 울음을 터뜨렸다. 마치 자신을 보호해줄 사람을 잃었다는 듯 격렬하게 울부짖는 모습에 나는 안타까움을 느꼈다.

엄마는 사전에 내가 일러주었음에도 불구하고, 문밖에서 아이의 울음소리를 듣고 크게 동요했다. 민우 엄마는 "애가 이렇게 우는데, 선생님, 괜찮을까요?"라며 교실문 밖에서 내게 말을 했다.

"민우는 지금 자신의 불안을 표현하고 있는 거예요. 민우가 표현할 수 있는 유일한 방법이 울음밖에 없기 때문에 울음을 선택한 거예요. 이 울음이 끝나야 민우가 우리와 소통할 준비를 시작할 수 있습니다."

나는 교실 문밖의 엄마에게 이렇게 설명하며, 아이에게 시간을 주자고 설득했다.

"민우가 울어요. 민우는 슬퍼요. 슬프면 울고, 기쁘면 웃어요. 하하하 호호호 히히히."

나는 민우가 울어도 계속해서 거리를 유지하면서 같은 말만 반복해 주었다.

그렇게 민우가 안정되기까지는 약 30분이 걸렸다. 나는 민우가 진정

되는 모습을 보고, 민우가 좋아할 만한 자동차 장난감을 가져다주며 천천히 말을 건넸다.

"버스야, 기차도 있어! 민우 이거 줘?"

민우는 내 말에 반응이 없었다.

"응. 민우는 이거 싫구나. 그럼 민우는 안 놀아도 돼. 선생님 혼자 놀게. 혼자서 재미있게 놀아야지. 이거는 버스야, 이거는 파란색 버스야. 이거는 초록색 버스야. 파란색 버스 옆에 둬야지. 이거는 노란색 버스야. 노란색 버스는 파란색 버스 옆에 둬야지."

나는 민우가 줄 세우는 행동을 이용해서 말을 했다. 그래도 여전히 민우의 반응이 없자 빨간색 버스를 일부러 검정색으로 색깔을 다르게 말했더니 민우가 나한테 다가와서 "흠흠"하는 반응을 보였다.

"아~ 이거 검정색 버스 아니고 빨간색 버스구나. 미안해~ 선생님도 틀릴 수 있어~"했더니 민우가 그제야 씨익 웃었다. 그리고는 자동차를 만지면서 나란히 정렬을 하기 시작했다.

민우 엄마의 실수

수업이 끝난 뒤, 민우 엄마와의 상담이 이어졌다. 민우 엄마는 민우를 보자 마자 소리쳤다.

"너 왜 울었어? 울지 말랬잖아!"

나는 이 모습을 보며, 엄마에게 조심스럽게 질문을 던졌다.

"어머님, 민우가 지금까지 잘 버텼다는 사실은 보이지 않으시나요?"

엄마는 당황한 표정으로 나를 바라보며,

"아이가 울었는데 잘못한 게 아니냐"고 반문했다.

"울음은 민우가 자신의 불안을 표현하는 방법이에요. 민우는 그 상황에서도 끝까지 교실을 떠나지 않고 버텼습니다. 그 자체를 칭찬해줘야 해요. 울음을 잘못으로 다룬다면, 아이는 자신을 보호할 방법을 잃게 될지도 몰라요."

민우 엄마는 그동안 민우를 어떻게 대해야 할지 몰랐던 시간을 떠올리며, 민우의 행동에 대해 부정적으로만 생각했다고 고백했다. 나는 엄마에게 하루에 15번씩 민우를 칭찬하는 숙제를 내주었다.

"자동차 잘 굴리네, 민우 잘 뛰네!" 민우 같은 아이는 같은 단순한 말이라도 민우에게 긍정적인 피드백을 주는 것이 중요하다.

나는 집에서 민우와 공감하며 놀이를 해줄 것을 권했다.

"민우가 뛰면, 어머님도 함께 뛰세요. 민우가 하고 있는 행동을 그대로 따라 하며 공감을 표현하세요."

처음엔 낯설고 어색했던 이 놀이법은 곧 민우에게 큰 변화를 가져왔다. 엄마가 민우와 함께 뛰고 웃으며 소파에 앉아 새로운 놀이를 제안하자, 민우는 점점 뛰는 행동을 줄이며 엄마의 행동을 따라하기 시작했다. 모방 행동이 나타나기 시작한 것이다.

민우의 변화는 가족 전체에도 긍정적인 영향을 미쳤다. 특히 외할머니는, 그 전까지만 해도 민우가 말을 하지 못한다는 점을 자주 문제 삼았다.

"민우, 얘 정말 문제가 있어."

이렇게 부정적인 말을 서슴없이 내뱉곤 했던 것이다.

나는 할머니에게, 민우의 작은 행동 하나에도 긍정적으로 반응하라고 권했다. "민우가 자동차를 들고 올 때, '타요 버스네! 멋지다!'라고 칭찬해주세요."

할머니는 처음에는 익숙지 않아했지만, 민우의 반응을 보며 점차 변하기 시작했다.

세 달 뒤, 민우는 드디어 엄마 웃는 모습을 보고 씨익 웃으며 "엄마 사랑해!"라고 발화하기 시작했다. 모두의 노력이 결실을 맺은 것이다.

◈ **민우의 증상**

- 심한 분리 불안: 엄마가 교실을 나가자마자 문을 두드리며 격렬하게 울음
- 낯선 환경에 대한 경계심: 새로운 사람과 물건을 경계하며 시선을 피하고 움츠리는 모습
- 상동 행동: 자동차 장난감을 일정한 패턴으로 정렬하며 반복적인 행동을 보임
- 의사소통 어려움: 질문을 받아도 대답하지 않거나, 반응이 거의 없음

◈ **민우의 치료 방법**

① **불안 완화를 위한 환경 조성**

- 분리 불안이 강한 아이에게 충분한 시간을 주어 스스로 진정할 수 있도록 기다려주고 아이가 불안을 표현하는 것이 자연스러운 일임을 인정하고, 강제로 억제하지 않음
- 반복적으로 감정을 설명하며 ("울음은 슬픈 감정이야. 기쁘면 웃어.") 아이가 감정을 이해하고 표현할 수 있도록 유도

② 놀이를 통한 신뢰 형성

아이가 좋아하는 자동차 장난감을 활용하여 자연스럽게 상호 작용을 유도하고 자동차를 색깔별로 정렬하는 행동을 활용해 언어 자극 제공 ("이건 파란색 버스야, 이건 빨간색 버스야.")
- 일부러 색깔을 틀리게 말해 아이가 반응하도록 유도하여 소통을 시작함

③ 부모 교육 및 긍정적 피드백 강화

- 엄마가 아이에게 울음을 혼내지 않고 "잘 버텼어." 라고 칭찬하도록 유도.
- 부모에게 하루 15번 이상 아이를 칭찬하는 숙제를 부여하여 긍정적인 강화를 생활 속에서 실천하게 함
- 부모가 아이의 행동을 모방하며 함께 놀이를 하도록 지도하여 아이가 사회적 상호 작용에 익숙해지도록 함

④ 가족의 역할 변화

- 부정적인 반응을 보이던 외할머니에게도 아이의 작은 행동을 칭찬하는 방법을 교육
- 가족 전체가 아이를 격려하는 환경을 조성하여 아이의 자신감과 사회적 반응성을 증진

◈ **최수아 원장의 조언**

"민우의 사례는 단순히 발화 능력을 회복한 이야기로 끝나지 않습니다. 불안과 낯섦으로 가득 차 있던 아이가, 점차 가족의 공감과 지지를 통해 신뢰를 배우고, 스스로 표현할 수 있는 자신감을 키우게 된 과정이었으니까요. 자폐 아동에게 있어 불안은 흔한 장애물이지만, 가족의 작은 노력과 공감이 모이면 아이의 세계는 크게 변화할 수 있습니다. 민우는 그걸 증명한 아이이기도 합니다."

"나는 다르다. 하지만 열등하지 않다." (I am different, not less.)"
_템플 그랜딘 (동물학자, 자폐인)

"자폐인을 이해하는 것은 그들만의
독창적인 세계에 발을 들이는 것이다.
그 세계를 교육적으로 열어주는 것이 우리의 역할이다."
로이 리처드 그린스톤 (Roy Richard Grinker)

CHAPTER 4

어제보다 나은 내일

부모의 언어는 아이에게 얼마나 큰 영향을 미치는지 상상 이상이다. 긍정적인 말은 아이에게 자신감을 심어주고, 부정적인 말은 아이의 불안을 증폭시킨다.
나는 부모들에게 아이를 자폐라는 틀에서 벗어나 바라보도록 코칭한다. "자폐 성향이 있을 뿐, 완전한 자폐는 아닙니다. 아이를 틀에 가두지 마세요."
"아이의 속도에 맞춰주세요. 비난 대신 칭찬을 해보세요." 부모는 아이의 첫 번째 치료사다. 아이에게 들려주는 긍정적인 언어와 태도는 아이의 불안을 낮추고, 성장의 속도를 올릴 수 있다.

불안한 아이는 변화를 주어서는 안 돼요

　30개월 된 클라라는 미국 LA에서 한국으로 치료를 받으러 온 여자아이였다. 언니가 있는 클라라는 첫 상담 전부터 많은 이야기를 들려줬다. 전화 상담을 통해, 아이가 극도로 예민하고 불안이 높다는 점을 미리 알고 있었지만, 실제로 센터에 나타난 클라라는 상상 이상이었다.

엄마를 싫어한다고 생각하는 아이

클라라는 예쁜 인형 같은 외모를 가지고 있었지만, 그 눈빛에는 두려움과 분노가 섞여 있었다. 마치 세상을 향해 끊임없이 경계심을 늦추지 않는 듯했다.

클라라의 엄마는 상담 자리에서 이렇게 말했다. "얘는 아무 데서도 치료가 되질 않았어요. 그냥 울고 소리만 지르다가 끝나요."

엄마의 말대로, 클라라는 우리 센터에서도 불안한 모습을 보였다. 상담 진행 중 아이는 교실 책장에 있는 교구 전체를 교실 바닥에 다 꺼내 놓았다.

엄마는 어쩔 줄 몰라 하며 클라라 행동을 제지하는 말을 하자, 클라라가 교실 구석으로 도망쳤다.

엄마는 한숨을 쉬며 이렇게 말했다. "왜 이러는지 모르겠어요. 분명히 엄마를 제일 좋아하는 아이였는데, 이제는 저를 싫어하는 것 같아요."

아이가 변화를 싫어하는 경우

나는 다음 날부터 수업을 진행하기로 하였고, 수업 시작 전에 클라라 엄마에게 특별히 이렇게 부탁을 했다. "처음 센터를 방문했을 때와 동일한 루틴으로 아이를 데리고 와주세요. 택시로 오셨다면 똑같이 택시를 타고, 문 앞에서도 같은 방식으로 행동해주세요."

자폐 성향이 있는 아이들은 변화를 싫어한다. 특히 클라라처럼 극도의 불안을 느끼는 아이에게는 작은 변화도 큰 영향을 준다.

아이와 엄마가 센터에 도착하자, 나는 교실문을 열어두고 클라라를 맞았다.

클라라는 어제처럼 교실로 들어와 나를 빤히 쳐다봤다.

그 눈빛에는 공포가 가득했다.

클라라는 내가 있는 위치와 약 2m 정도 거리가 되는 창가로 걸어갔다가, 갑자기 소리를 지르기 시작했다.

"무서워? 무서운 거니?"

나는 부드럽게 물으며 클라라와의 거리를 유지했다.

"괜찮아, 선생님은 여기서 움직이지 않을게. 네가 불안하지 않을 만큼 멀리서 지켜볼게."

내가 뒤로 물러서자, 클라라는 창가에 서서 소리를 조금씩 줄였다. 약 5분 후, 아이는 다시 물건을 꺼내기 시작했다. 하지만 이번에는 다소 규칙적인 움직임이 보였다.

내가 적어둔 기록을 살펴보니, 아이는 물건을 떨어뜨린 순서를 기억하며 다시 그것을 찾고 있었다.

"클라라는 참 똑똑하구나. 이렇게 많은 물건 속에서도 원하는 걸 찾을 수 있네."

칭찬을 건네자, 클라라는 처음으로 나를 쳐다보며 옅은 웃음을 지었다.

그렇게 약 30분 정도 지난 후, 클라라는 내 근처에 있던 물고기 모양의 장난감을 만지작거렸다.

"물고기네? 클라라도 물고기 좋아해?"

내가 묻자, 클라라는 마치 내 반응이 불편하다는 듯한 나를 째려보며, 다시 다른 장난감이 있는 곳으로 갔다.

조금 더 시간이 지난 후 클라라는 비행기를 만지며 작은 목소리로 "비행기"라고 말했다.

"비행기! 나도 알아, 비행기!"

내가 웃으며 밝은 목소리로 대꾸하자, 클라라는 잠시 나를 쳐다보다가 한 발짝 다가왔다.

1m 거리까지 가까워진 클라라는 조금씩 나를 받아들이기 시작했

다. 나는 조심스럽게 말했다. "클라라는 정말 똑똑한 아이야. 클라라는 불안해서 소리를 지르지? 그런데 사람들은 클라라가 불안해서 소리를 지른다는 건 모를 거야. 그리고 엄마는 클라라랑 어떻게 소통해야 할지 몰라. 엄마는 클라라를 정말 사랑해."

이 말을 듣고 나서 클라라는 씩 웃었다. 처음으로 클라라의 표정에서 희미한 미소를 발견할 수 있었다.

지켜보고 기다려주는 것이 중요한 이유

50분간의 수업이 끝날 무렵, 나는 클라라에게 물었다. "우리 이제 엄마 만나러 갈까?"

"네."

"엄마 이리 와."

"이이와."

"엄마 안아 줄까? 안아줘."

"아아 줘."

클라라가 내 말을 따라 하고 있었다. 이 정도면 첫 수업에서 굉장히 큰 성과가 있는 편이다.

수업이 끝난 후 엄마를 만난 클라라는, 엄마에게 작은 목소리로 "엄마"라고 말했다.

엄마는 기적이 일어났다고 말을 하며 눈물을 흘렸다.

나는 "어머님, 잠시만요." 하고 클라라에게 말했다.

"엄마가 우는 건 클라라가 '엄마'라고 말해서 기뻐서 우는 거야."

클라라에게 이렇게 설명하자, 클라라가 엄마를 쳐다보았다.

"엄마 좋아?"

"오아."

"클라라, 엄마가 안아줄까?"

"아냐."

클라라는 엄마 품에 안겼다.

클라라는 이후에도 매주 수업을 진행하면서, 조금씩 불안을 줄이고 신뢰를 키워갔다. 클라라와의 첫 만남 순간은 나 역시 그동안 겪어보지 못했던 큰 배움이었다.

> 아이와 소통하려면
> 먼저 그 아이의 행동이
> 어떤 마음에서 나오는 행동인지
> 정확히 이해해야 한다는 것.

아이의 행동을 정확히 분석하기는 굉장히 어려운 일이다. 자칫 잘못 분석하면 아주 다른 방향의 미로에 빠져 버릴 수도 있기 때문이다.

◈ **클라라의 증상**

- 극심한 불안 및 경계심: 낯선 환경과 사람에게 극도의 두려움을 보이며, 지속적으로 주변을 살피고 예민하게 반응
- 강한 거부 반응: 상담 중 교실 책장의 교구를 모두 꺼내놓으며 불안한 행동을 보임
- 엄마와의 관계 단절: 엄마가 다가가거나 제지하면 구석으로 도망치며 거리를 두려 함
- 환경 변화에 대한 민감성: 센터 방문 시 동일한 루틴을 유지하지 않으면 더 큰 불안을 느낌
- 의사소통 어려움: 말이 거의 없으며, 소리를 지르거나 물건을 떨어뜨리는 방식으로 감정을 표현

◈ 클라라의 치료 방법

① 일관된 환경 제공 및 안정감 형성
- 센터 방문 루틴을 매번 동일하게 유지하여 불필요한 불안을 줄임
- 아이가 낯선 환경에서 마음을 열 수 있도록 거리를 유지하며 관찰하고, 아이가 먼저 다가올 때까지 기다려줌
- 아이가 불안을 표현할 때 억누르지 않고, "괜찮아, 네가 편할 때 다가와도 돼"라고 안정적인 피드백 제공

② 아이의 관심사 활용하여 상호 작용 유도
- 장난감을 활용해 자연스럽게 놀이를 시작하고, 아이가 탐색하는 과정에서 긍정적인 피드백("클라라는 참 똑똑하구나")을 제공하여 신뢰를 형성
- 아이가 특정한 물건을 찾고 정리하는 행동을 활용하여 놀이 속에서 언어를 유도함

③ 부모 교육 및 정서적 유대 회복
- 엄마가 클라라를 사랑하지만, 소통하는 방법을 몰라서 어려움을 겪고 있음을 설명하여 엄마와 아이의 관계 회복을 지원
- 아이가 작은 성취를 보일 때마다 부모가 즉각적인 칭찬과

애정을 표현하도록 지도
- 부모에게 아이의 감정 표현을 이해하고 반응하는 법(예: "엄마 안아줄까?"라고 먼저 물어본 후 아이가 원할 때만 행동하기)을 교육

④ 점진적인 언어 발화 촉진
- 아이가 놀이 과정에서 자연스럽게 단어를 따라 하도록 유도하며, 짧은 단어부터 반복적으로 사용(예: "비행기" → "비행기! 나도 알아, 비행기!")
- 아이가 말을 할 때 즉각적으로 반응하고, 의미를 연결해주며 자신감을 키울 수 있도록 지원

자해하는 아이는 어떻게 해야 하나요?

준혁(가명)이는 8세 아이로 언어 표현을 전혀 하지 못했고, 자신을 공격하는 행동과 상대를 향한 공격성을 동시에 보이곤 했다.

특히, 아버지와의 갈등은 극에 달해 있었다. 어느 날 아버지는 준혁이를 화장실에 데려가려 했을 뿐인데 큰 몸싸움이 벌어졌다. 부모가 화장실을 데리고 가려는 상황조차 아이에게는 견딜 수 없이 화가 나는 상황이었는지, 준혁이는 아버지의 멱살을 잡고 옷을 찢으며 저항했다고 한다.

센터에 들어오기 전부터, 이미 차 안에서 싸움이 시작되었고, 화장실 앞에서 두 사람의 몸싸움이 더욱 격해졌다.

그때 나는 수업 중이었고, 대기 중이던 학부모님이 깜짝 놀라 교실 문을 두드리며 상황을 알려주어서 얼른 뛰어 나갔다. 그리고 순간 상황을 보고 깜짝 놀랄 수밖에 없었다. 아버지는 분노를 참지 못하고 아이에게 체벌을 하고 있었다.

"이 녀석은 이렇게 해야 정신을 차리지!"

나는 아버님을 말리며 단호하게 말했다.

"아버님, 멈추세요. 아버님은 잠시 나가서 진정하고 오세요. 아이를 제게 맡기세요. 제가 흥분을 조절시키겠습니다."

아이의 돌발 행동

아버지가 밖으로 나간 후, 나는 준혁이를 데리고 교실로 들어왔다. 그러자 준혁이는 곧바로 자해 행동[9]을 시작했다.

바닥에 머리를 박으며 울부짖었고, 벽에 몸을 던지며 분노를 표출했다.

나는 그 행동을 그냥 내버려 두었다. 대신 다치지 않게 매트를 가져와 준혁이의 머리 아래에 깔아주며 이렇게 말했다. "그래, 계속 박아도 돼. 준혁이를 소중히 여기지 않으면 다른 사람들도 준혁이를 소중히 여기지 않을 거야. 하지만 준혁이 몸을 준혁이가 다치게 하면 준혁이만 손해야."

아마도 이런 내 반응은 준혁이에게는 전혀 예상치 못했던 부분이었을 것이다. 그동안 부모님과 선생님들은 아마 준혁이의 자해 행동이 나타났을 때 중재했을 테지만, 나는 자해 행동을 일부러 중재하지 않았다.

준혁이는 매트에 머리를 박으며 분노를 표출했지만, 곧 머리를 박는 강도가 약해지는 것이 보였다.

"1, 2, 3…계속 해도 괜찮아. 그런데, 매트가 있어서 느낌이 다르지?"

준혁이는 나를 쩨려보며 다시 벽 쪽으로 갔다.

나는 준혁이를 따라가서 매트를 벽에 세워주었다.

"벽에 머리 박고 싶어? 그래, 해도 돼. 하지만 선생님이 매트 벽에 세

---

[9] 자폐 스펙트럼 장애(ASD) 아동의 자해 행동(Self-injurious behavior, SIB)은 머리 박기, 자신을 때리기, 피부 긁기, 손 깨물기 등의 반복적인 행동으로 나타납니다. 이러한 행동은 감각 자극을 찾거나 스트레스, 불안, 좌절감을 해소하려는 방식으로 발생할 수 있습니다.

워 줄게."

순간 준혁이는 '이것도 안 통하네'라는 당혹감을 보이며 자해행동을 멈추었다.

준혁이한테는 말을 하지 못했지만, 준혁이는 이미 긍정적인 상황과 부정인 상황 모두를 눈치채고 있었다. 자폐성향을 가진 아이들이 불안을 울음으로 표현하는 것처럼, 준혁이는 자신의 분노와 답답함을 자해행동으로 표현해왔던 것이다. 나는 준혁이가 이를 말로 표현할 수 있도록 발화 수업을 시작했다.

"준혁아. 왜 그렇게 화가 났을까? 말로 하면 선생님이 들어줄 수 있는데." 준혁이는 내 말을 이해하는 듯 한 눈빛을 보냈다. 그러면서도 답답함에 다시 팔을 때리기 시작했다. 나는 준혁이의 행동을 중재하지 않고 그냥 두었다. "팔 안 아파? 때려도 괜찮아. 하지만 네 팔을 사랑해주는 건 너뿐이야."

이렇게 아이가 자해행동을 할 때, 직접적으로 중재하지 않고 역반응의 말을 하고, 아이가 다치지 않게 보호하며 간접적인 중재를 진행하는 것이 중요하다. 실제로 준혁이 역시 이런 중재를 통해 점차 자해하는 행동이 줄어들었다.

감정의 악순환을 끊다

수업이 끝난 후 준혁이 아버지를 다시 불렀다. "아버님, 준혁이가 자해 행동을 하는 건 말을 못해서예요. 아이는 심장이 터질 것처럼 답답한데, 표현할 수 있는 방법이 몸을 쓰는 것밖에 없었던 거죠. 지금처럼 억누르기만 하면 아이의 분노는 더 커질 수밖에 없습니다."

준혁이 아버지는 그 날은 내 말을 믿지 않았다. 하지만 수업 회차가 진행되면서, 준혁이의 자해 행동이 줄어들고 말 모방이 되었다. 아빠가 나를 신뢰하기 시작하고, 나의 코칭에 귀를 기울이기 시작했다. "아이를 체벌하지 마세요. 준혁이의 감정을 이해하고 받아주세요. 준혁이가 조금이라도 감정을 표현하려고 할 때는 준혁이의 감정을 아버님이 말로 대신 표현해 주세요."

그날 이후부터, 준혁이의 자해 행동은 조금씩 줄어들었다. 더 이상 벽에 머리를 박지 않았고, 팔을 때리는 행동도 사라졌다. 대신 작은 소리로 "음... 음..." 하는 소리를 내며 말을 시도했다.

나는 그 작은 변화를 놓치지 않고 준혁이를 칭찬해주었다.

"준혁아, 소리를 냈네. 정말 멋지다!"

준혁이는 자해를 하는 대신, 알 수 없는 소리를 내더라도 말로 표현을 하려고 노력했다. 준혁이는 표현 언어도 좋아지는 모습이 나타났다. 준혁이의 자해를 감정언어로 공감해 주었더니 자해 행동이 소거되는 놀라운 일도 생겼다. 발화는 자폐아동의 어떠한 문제행동도 소거시킬 수 있는 첫 번째 해결 방법이 아닌가 하는 생각을 하게 된 계기이기도 했다.

◆ 준혁이의 증상

심한 공격성과 자해 행동
- 부모와의 갈등이 극심하며, 특히 아버지와 충돌이 잦음
- 분노가 극에 달하면 자신을 때리거나 벽에 머리를 박는 등의 자해 행동을 보임
- 상대를 향한 물리적 공격성도 함께 나타남

언어 표현 어려움
- 감정을 말로 표현하는 능력이 없어 신체적 행동으로 감정을 표출함
- 극도의 좌절감을 느낄 때 울거나 소리를 지르기보다는 공격적인 방식으로 반응함

부모의 체벌 및 억압적 양육 방식
- 아버지가 아이의 행동을 교정하기 위해 체벌을 사용하고, 이를 정당하다고 생각함
- 아이가 표현할 기회를 가지지 못한 채, 더욱 강한 반발과 분노를 보임

◈ 준혁이의 치료 방법

① 자해 행동을 직접 중재하지 않고 안전하게 보호하기

- 자해 행동을 억지로 막기보다는 매트 등을 활용해 아이가 다치지 않도록 조치함
- "괜찮아, 하지만 네 몸을 다치게 하면 너만 손해야."와 같은 역반응을 주어, 아이가 스스로 자해 행동을 멈추도록 유도
- 아이가 자해 행동을 해도 과도한 반응을 보이지 않으며, 행동이 약해질 때까지 기다리는 방식으로 중재

② 감정 표현을 유도하는 언어 촉진

- 준혁이가 분노할 때마다 "왜 그렇게 화가 났을까? 말로 하면 선생님이 들어줄 수 있어."라고 반복하여 언어로 감정을 표현하도록 유도
- 작은 소리라도 내면 즉각적으로 칭찬하며, "준혁아, 소리를 냈네! 정말 멋지다!"라고 격려하여 감정 표현을 강화
- 자해 대신 말로 감정을 표현할 수 있도록 지속적으로 언어 발화를 시도

③ 부모 교육 및 양육 방식 변화 유도

- 아버지에게 체벌이 아이의 분노를 더욱 증폭시킨다는 점을

설명하고, 아이의 감정을 이해하는 방법을 지도
- 아이가 감정을 표현하려 할 때, 부모가 대신 감정을 언어로 표현하며 반응하도록 코칭(예: "준혁이가 지금 너무 화났구나. 그렇지만 네가 화난 이유를 알려주면 도와줄 수 있어.")
- 부모가 감정적으로 대응하지 않고 아이의 감정을 먼저 수용하고 공감하는 태도를 갖도록 유도

◈ **최수아 원장의 조언**

"준혁이의 사례는 말을 잃은 아이들이 왜 극단적인 행동을 보이는지, 그리고 그 행동을 어떻게 이해하고 해결해야 하는지를 보여줍니다. 억누르기만 하면 분노는 더 커질 뿐이죠. 중요한 것은 아이의 감정을 이해하고, 그 감정을 언어로 표현할 수 있도록 인내하며 기다려주는 것입니다."

부모의 헌신이 변화를 만듭니다

8살 도혁(익명)이는 센터를 처음 방문했을 때, 단어 발화가 거의 불가능했고, 착석조차 어려운 아이였다. 부모는 수년간 치료를 해왔지만, 뚜렷한 개선이 없었다.

특히, 도혁의 아빠는 적극적으로 나섰지만, 방법을 몰라 답답함을 느끼고 있었다.

"밥 먹었어?"

엄마가 물어도, 도혁이는 대답 대신 엄마의 얼굴만 바라본다고 했다.

규칙을 가르쳐줘야 하는 이유

도혁이의 수업은 엄마가 데리고 다녔는데, 어느 날 갑자기 아빠가 도혁이를 데리고 수업을 받으러 왔다. 아빠는 상담 내용을 이해하지 못하는 것 같아 보였다.

"도대체 뭘 어떻게 하라는 거예요? 제가 정확히 알아야 집에서도 도울 수 있잖아요."

큰 목소리로 묻는 아빠에게, 나는 학습 계획을 차근히 설명했다.

"아버님 화가 많이 나셨군요. 현재 도혁이에게 5번 발화를 성공하면 과자 하나, 10번 성공하면 두 개, 라는 규칙을 주고 반복적으로 실행하고 있습니다. 단순한 규칙이지만, 도혁이의 집중력을 높이고 착석 시간을 늘리는 데 효과적입니다. 단어 발화부터 문장 확장까지 순서대로 진행할 겁니다. 집에서도 똑같이 해주시면 됩니다."

아빠는 그제야 이해한 듯 고개를 끄덕였다.

"좋아요. 그럼 앞으로 제가 직접 데리고 올게요. 제 일정에 맞게 수업 시간을 바꿔주세요."

그날 이후, 아빠는 회사 업무와 병행하며 도혁이를 센터에 데리고 왔다. 도혁이 아빠는 수업 내용을 같이 실행하며 변화를 이끌어 나갔다.

첫 발화의 순간

도혁이는 항상 후다닥 뛰어 들어와, 수업 시작 전에 교실을 한 바퀴 돌고, 착석을 했다. 수업 중에도 교실 안을 뛰어다녔다.

수업 진행 시 강화물을 활용한 규칙 훈련을 시도했다. 도혁이가 행동을 조절하는 방법을 배우도록 하기 위함이었다. 그리고 몇 달 후, 도혁이는 단어 발화에서 짧은 문장으로 발화를 확장하기 시작했다.

"멸치 줘."
"고소한 멸치."
이 문장을 들은 아빠는 감탄하며 말했다.
"우리 도혁이 말을 하네요. 정말 기적 같아요."
도혁이가 점점 나아지자, 아빠는 새로운 고민에 빠졌다.
"선생님, 도혁이를 이제 학교에 보낼 때가 됐는데, 특수학교, 일반학교 중에 어디로 가야 할까요?"
나는 도혁이 아빠에게 도움반에 대해 설명했다.
"일반 학교에서 도움반을 개설할 수 있거든요. 1급 자폐아 3명이 있으면 가능한 걸로 알고 있습니다. 한번 알아보세요."
아빠는 곧장 행동에 나섰다. 지역의 비슷한 상황의 부모들과 팀을 꾸리고, 교육청에 도움반 개설을 요청했다.

그 결과, 도혁이가 입학 예정이었던 초등학교에 '도움반'이 개설되었다.

이 과정에서, 아빠는 도움반 학부모 회장이 되어 다른 장애아이들에게도 도움을 줄 수 있는 시스템을 만들기도 했다.

1년 반이 지난 후, 도혁이는 짧은 문장에서 더 나아가 긴 문장으로 소통하기 시작했다.

도혁의 성장은 치료사의 체계적인 계획과, 맞춤형 훈련 및 가정내 코칭 실행이 잘 이루어진 결과였다. 이와 더불어 아빠의 적극적인 치료 참여가 시너지 효과가 잘 나타난 사례였다.

◈ 도혁이의 증상

언어 발화의 어려움
- 단어 발화가 거의 불가능하며, 질문을 받아도 반응 없이 상대의 얼굴만 바라봄

착석 및 집중력 부족
- 수업 중 지속적으로 교실을 돌아다니며, 자리에 앉아 있지 못하는 모습

환경 변화에 대한 민감성
- 부모가 교체되면 수업 적응에 어려움을 보이며, 일정한 루틴을 필요로 함

◈ 도혁이의 치료 방법

① 규칙을 통한 행동 교정 및 집중력 향상

<u>보상 시스템 도입</u>
- 5번 발화하면 과자 1개, 10번 발화하면 2개를 제공하는 방식으로 강화물을 활용한 행동 조절 훈련 진행
- 이 과정을 반복하여 집중력을 높이고 착석 시간을 점진적으로 증가시킴

<u>일관된 환경 조성</u>
- 치료사와 부모가 동일한 방식으로 훈련을 진행하여 아이가 혼란을 느끼지 않도록 유도

② **단계적 언어 발화 촉진**

단어 → 짧은 문장 → 긴 문장 순으로 발화 확장
- 처음에는 단순한 단어부터 시작하여 짧은 문장으로 확장

예: "멸치" → "멸치 줘" → "고소한 멸치"

- 아이가 문장을 만들면 즉각적으로 칭찬하며, 긍정적인 피드백을 제공하여 언어 사용을 강화함

③ **부모의 적극적인 참여 및 교육 환경 개선**
- 도혁이 아빠가 치료 과정에 적극적으로 참여하여 아이의 변화를 지속적으로 모니터링하고 피드백 반영
- 학교 진학을 앞두고, 지역 학부모들과 협력하여 도움반 개설을 추진
- 교육청에 도움반 설치를 요청하여, 특수 교육 환경을 구축하는 데 성공
- 이후 도움반 학부모 회장이 되어 다른 장애 아동들에게도 도움을 주는 시스템을 형성

◈ **최수아 원장의 조언**

"도혁의 이야기는 치료사와 부모가 협력할 때 어떤 변화를 일으킬 수 있는지 보여줍니다. 도혁의 부모는 단순히 치료를 맡기는 것을 넘어, 아이와 함께 성장하며 적극적으로 변화를 만들어갔지요. 특히, 아빠의 노력은 단순히 도혁의 문제 해결에 그치지 않았습니다. 지역사회에 도움반을 개설하며 더 많은 아이들에게 교육의 기회를 주기까지 했으니까요."

자폐 치료에는 골든 타임이 있습니다

주현(가명)이가 처음 센터를 찾은 건 4살 때였다. 그때 주현이는 빨간색과 노란색 같은 특정 색을 찾아다니며 혼자 놀았다. 한곳에 1분도 머물지 못했고, 센터에 도착하면 차에서 내리는 순간부터 울음을 터뜨리곤 했다.

"주현아, 차에서 내리자마자 우니까 엄마가 힘들었겠네. 오늘은 선생님과 놀아볼까?"

그렇게 시작된 수업은 늘 울음을 달래는 데 10분 이상이 걸렸다. 수업 시간의 절반은 아이를 진정시키는 데 쓰였다.

새로운 놀이를 발명하다

주현이는 특정 색깔에만 관심을 보였다. 특히 빨간색과 노란색 장난감을 손에 쥔 채 한참을 들여다보곤 했다.

나는 이 점을 활용해 새로운 놀이를 만들어 보기로 했다.

"주현아, 여기 빨간색 블록, 노란색 블록이 있어. 선생님이 말하는 색깔을 찾아줄래?"

처음에는 주현이가 내 말을 듣지 않는 듯 보였다. 하지만 나는 인내심을 가지고, 블록을 하나씩 주현이 앞에 두었다.

"빨간색 블록 어디 있지?"

주현이는 한참 동안 블록을 바라보더니, 조심스럽게 빨간색 블록을 집었다.

"정말 잘했어, 주현아!"

칭찬과 함께 작은 스티커를 보상으로 준 후, 조금 더 어려운 질문을 던졌다.

"이번에는 노란색 두 개를 찾아줄래?"

이 놀이를 통해, 주현이는 색깔 구별뿐만 아니라 숫자 개념도 배우기 시작했다. 블록 찾기 놀이가 익숙해진 몇 주 후, 블록에 그림을 추가해 새로운 규칙을 더했다.

"이건 빨간색 자동차야. 자동차는 어디 있을까?"

주현이는 이제 색깔과 물체를 결합해, 조금 더 복잡한 규칙을 이해하기 시작했다.

주현이가 좋아하는 색깔을 활용함으로써, 놀이에 자연스럽게 관심을 유도할 수 있었다. 처음에는 간단한 색 구별에서 시작해, 이후 숫자와 물체를 결합하는 방식으로 놀이를 확장했다.

주현이가 성공할 때마다 작은 보상과 칭찬을 제공함으로써 동기를 유지할 수 있었다.

이 놀이를 반복한 결과, 주현이는 수업에서 스스로 색깔을 말하거나, 블록을 조립하며 나와 적극적으로 소통하기 시작했다. 단순한 블록 놀이였지만, 주현이에게는 규칙을 이해하고 작은 성공을 쌓아가는 소중한 경험이 되었다.

그날 이후, 주현이는 수업이 끝난 후에도 블록을 정리하며 나에게 묻곤 했다.

"이거 어디에 넣어요?"

이 외에도, 주현이의 치료에서 가장 중요한 것은 부모의 협력이었다.

"집에서도 똑같이 해주세요. 규칙을 세우고, 반복해주세요."

그러던 어느 날, 주현의 엄마는 더 이상 치료를 지속할 수 없다는 말을 꺼냈다.

"제가 수술을 받아야 해서요. 가까운 곳에서 치료를 다시 시작해볼게요."

엄마의 건강 문제로 치료는 중단되었다.

4년의 치료공백

4년이 지난 어느 날, 주현이를 다시 만났다.

주현이의 나이는 어느새 8살이 되어 있었다.

4년 전 주현이라고는 믿을 수 없을 만큼 상황은 심각해져 있었다.

고개는 고정이 되어 있는 것처럼 왼쪽으로 치우쳐서 움직이지 않고, 시지각에도 어려움이 있어, 양쪽 눈동자가 오른쪽 위를 향해 있으며, 아무런 말도 하지 않고, 심지어는 침도 흘리는 모습이었다.

"눈도 마주치지 않고, 멱살을 잡거나 머리채를 잡아요."

엄마와 아빠의 얼굴에는 지친 기색이 역력했다.

주현이 부모는 4살 때 치료를 중단했던 것을 몹시 후회하고 있었다.

"원장님, 우리가 그때 너무 어리석었어요. 다시 한 번만 도와주세요."

주현이 부모의 호소에 나는 조심스럽게 말했다.

"솔직히 말씀드리겠습니다. 여태 한 번도 아이들 치료가 자신이 없었던 적은 없는데 주현이 치료는 자신이 없습니다."

다른 아이들은 치료를 하면 어느정도 진전이 나타날 것이라 예측이 되지만 주현이는 전혀 예측이 되지 않았다.

주현이 아빠는 진지한 태도로 내 말을 경청하였다.

"그래도 저는 선생님을 믿어보겠습니다. 1년 반만 다녀볼게요."

나는 부모에게 솔직하게 털어놓을 수밖에 없었다.

"주현이는 다른 아이들보다 더 긴 시간이 필요할 것 같아요. 골든타임이 지났기 때문에 발화와 행동 교정 모두 더 어려울 거예요."

나는 주현이 부모님에게 기간을 생각하지 말고, 전적으로 나를 믿고 따라와 달라고 요청했다. 부모의 간절한 부탁으로, 결코 쉽지 않으리라는 걸 알고 있었지만, 그럼에도 한 번 더 해보자는 용기가 생겼다. 그렇게, 주현이의 치료가 다시 시작되었다.

부모의 도전과 변화

치료가 시작되던 날부터 차에서 내리자마자, 주현이는 고통스러운 울음을 터뜨렸다. 하지만 4년 전과 달리, 이번에는 다른 방법으로 주현이에게 접근을 시도했다.

"주현아, 울어도 돼. 대신 울고 나면 우리 뭘 해볼까?"

나는 울음을 멈추라고 말하지 않았다. 대신, 주현이가 스스로 감정을 조절할 수 있도록 기다렸다.

"똑같이 하면 되는 걸 왜 못해!"

주현이 아빠는 집에서 자주 흥분을 한다고 했다.

엄마는 답답해하며 나에게 도움을 요청했다.

나는 주현이 아버님을 따로 불러 면담했다.

"아버님, 규칙은 강요가 아니라 함께 지키는 겁니다. 주현이도 알아듣고 싶고, 하고 싶지만 아직 어려워요."

아빠는 나와의 상담 끝에 조금씩 태도를 바꾸기 시작했다.

나의 코칭에 주현이의 교육에 더 적극적으로 참여하며, 주현이의 반응을 기다리기 시작한 것이다.

말 대신 행동으로 표현하는 아이

주현이 부모 말로는, 주현이는 집에서는 울음을 자제하는 편이라고 했다. 하지만 센터에서는 언어 자극을 받으면 즉시 공격 반응으로 이어졌다.

주현이는 종종 엄마의 반지나 아빠의 팔찌를 빼앗아 숨기곤 했다.
"엄마 반지 봤어?"
"여기."

숨긴 물건을 다시 찾아오는 모습을 보며, 엄마는 그나마 희망을 발견했다고 했다.

"우리 애가 완전히 나쁜 애는 아니구나, 하고 말이죠. 숨긴 걸 기억하고 찾아주더라고요."

하지만 아직 풀어야 할 숙제가 많았다. 말로 소통하지 못했던 주현이는, 손이나 신체로 자신의 감정을 표현하는 방식을 택했다. 목걸이와 팔찌를 찢거나, 멱살을 잡고, 심지어 깨물기도 했다.

"아이가 말을 할 수 있다면 이런 행동이 덜했을 거예요." 말을 못한다는 절박함은 주현이를 점점 더 공격적으로 만들고 있었던 것이다.

주현이를 치료하는 데 있어서, 가장 중요한 것은 부모의 태도였다. 하지만 주현이 부모가 처음부터 협력적이었던 건 아니다.

주현이가 집에서 비싼 도자기를 깨면, 아버지는 화를 참지 못하고 체벌을 하곤 했다.

"아버님, 체벌을 하시면 효과가 있던가요?"

나는 주현이 아빠의 말을 듣고 질문했다.

"아니요. 더 나빠졌습니다."

나는 단호하게 말했다.

"주현이의 문제행동은 체벌을 하거나 다그친다고 해서 해결되지 않습니다. 이제부터는 두 분이 달라져야 합니다."

기나긴 치료의 과정

그렇게 시작된 주현이의 치료는 무려 3년에 걸쳐 진행되었다. 첫해는 따라 하기 중심의 발화 수업을, 이듬해에는 행동 조절 훈련에 돌입했고, 3년 차에는 일상적 규칙과 자발적 언어 확장을 진행했다.

변화는 더뎠지만 분명히 나아지고 있었다. 처음엔 단순히 따라 하기만 했던 발화가 점차 자연스러워졌고, 행동 빈도도 눈에 띄게 줄어들었다.

"엄마, 물 줘."

처음으로 주현이가 완전한 문장을 말했을 때가 아직도 생각난다. 부모는 그 자리에서 눈물을 흘렸다.

주현이처럼 비록 치료의 골든타임을 놓쳤지만, 적절한 치료와 부모의 협력으로 조금씩 치료에 진전을 보이는 경우도 있다.

부모 역시 달라졌다. 특히 주현이 아빠는 치료 전과 비교해 몰라보게 달라져 있었다.

"우리 주현이, 오늘 몇 개 했어?"

아빠는 주현이가 조금만 치료에 진전을 보여도 진심으로 기뻐하며 칭찬했다. 신뢰와 기다림, 그리고 작은 성공의 반복이 만들어낸 결과였다.

처음에는 울음을 달래는 데만 한참이 걸리던 아이가 이제는 단어를 말하고 규칙을 이해하게 되었으니 말이다.

  그 과정에서 부모도 변했고, 가족은 함께 성장했다. 주현이는 아직도 우리 센터에 다니고 있다. 아직도 많은 도전을 앞두고 있지만, 중요한 시작은 이미 이루어졌다고 나는 믿는다.

  작은 한 걸음이 쌓이면, 큰 변화가 시작되는 법이다.

◈ 주현이의 증상

심한 감각 예민성과 특정 색 선호
- 빨간색과 노란색 장난감만 찾으며 혼자 놀이함

낮은 집중력과 심한 불안 반응
- 한곳에 1분도 머물지 못하며, 센터 도착 시 차에서 내리는 순간부터 울음을 터뜨림

언어 발화 어려움 및 행동 문제
- 신체를 이용해 감정을 표현하며, 손으로 상대를 밀거나 멱살을 잡는 행동을 보임

치료 중단 후 심각한 상태 악화
- 4년의 공백 후, 눈동자가 한쪽으로 쏠려 있고, 시지각 문제와 구강 근육 약화(침 흘리기) 등이 나타남
- 부모에게 공격적인 행동을 보이며, 물건을 숨기거나 부수는 행동 증가

◈ 주현이의 치료 방법

① 감각 놀이를 활용한 규칙 학습

선호하는 색깔을 활용한 놀이 개발

- "빨간색 블록, 노란색 블록을 찾아볼까?"라는 단순한 색깔 인지 놀이에서 시작
- 이후 색깔과 사물(예: "빨간색 자동차")을 결합하여 점진적으로 개념 확장
- 놀이를 통한 성공 경험을 반복하며 작은 보상(스티커 등)으로 동기 부여

② 행동 조절 및 감정 표현 유도

강압적인 훈육이 아닌, 감정을 존중하는 접근

- "주현아, 울어도 돼. 대신 울고 나면 뭘 해볼까?"라는 방식으로 감정을 억제하지 않고 자연스럽게 조절하도록 유도
- 강요하지 않고, 아이가 차츰 자신의 감정을 스스로 다룰 수 있도록 지도

신체적 공격성 완화

- 부모에게 체벌 대신 아이의 감정을 이해하고 기다려주는 코칭을 제공

- 아이가 신체적으로 감정을 표현하면, 아이가 하는 행동을 긍정적인 언어로 표현하는 방식으로 유도(예: 아이가 손을 흔들며 뛰고 있는데 표정은 웃고 있다 -> "ㅇㅇ이, 기분이 좋구나.", "기분이 많이 좋구나.", "그래서 폴짝 폴짝 뛰어요.")
- 부모가 신체적 제재를 가하지 않고, 문제 행동이 나타날 때마다 규칙을 설명하고 기다리는 태도로 변화

③ 장기적 치료 계획 및 부모 협력 강화

1년 차: 따라 하기 중심의 발화 수업 진행

2년 차: 행동 조절 훈련 도입(규칙을 이해하고 지키는 연습).

3년 차: 자발적인 언어 확장 및 일상 규칙 적용

- 부모의 역할이 매우 중요하기 때문에, 부모 상담을 지속하며 아이의 행동 변화를 부모가 직접 경험하도록 유도
- 부모가 아이에게 기대하는 수준을 조절하고, 현실적인 목표를 설정하도록 돕기

◆ **최수아 원장의 조언**

"주현이의 경우는 우리에게 골든타임의 중요성을 다시 한 번 일깨 워줍니다. 모든 아이들이 골든타임을 놓치기 전에 치료를 받을 수 있 다면, 자폐 치료는 훨씬 더 빠르고 효과적일 거예요. 치료는 아이와 부모, 치료사가 함께 만들어 가는 길고도 긴 여정입니다. 그 여정의 출발점은, 가능한 한 빨리 시작하는 것이라는 점을 꼭 기억하세요."

자폐라고 너무 쉽게 단정하지 마세요

정윤(가명)이는 32개월에 센터를 찾았다. 처음에는 말을 하지 못하고, 반복적인 상동 행동을 보이며 자폐 성향이 뚜렷한 아이였다. 엄마는 정윤이를 위해 부산에서 화성으로 이사까지 감행하며 치료에 전념했다. 그러나 정윤이의 성장 과정에는 단순히 자폐 치료 이상의 복잡한 문제가 얽혀 있었다.

엄마가 미워요

정윤이가 처음 센터를 방문했을 때, 상담실 문을 스스로 열고 들어왔다. 정윤이의 눈빛은 많은 이야기를 하고 있었지만, 말은 나오지 않았다.

나는 정윤이에게 보라색 마이쭈를 보여주며 물었다.

"보라색 마이쭈 먹고 싶니?"

정윤이는 대답 대신 엄마를 쳐다봤다.

엄마는 강한 눈빛으로 정윤이를 바라보았고, 그 순간 아이의 어깨는 더욱 움츠러들었다.

정윤이는 내 다리에 머리를 기댔다.

정윤이의 엄마는 아이가 12개월일 때부터 치료를 시작했다고 했다. "주변에서 자폐 같다는 말을 듣고 너무 불안했어요. 그래서 빨리 치료를 시작해야 한다고 생각했어요."

하지만 나는 오히려 이 점을 지적했다.

"12개월에 발달센터를 다니기 시작한 건 너무 빠릅니다. 이 시점의 행동은 발달 과정의 일부일 수 있어요. 자폐 증상으로 단정 짓기에는 아직 이릅니다."

엄마는 정윤이의 행동 하나하나를 자폐의 증상으로 해석하며 지나

치게 빠르게 개입했다. 이는 정윤이에게 자폐라는 틀을 씌우는 결과를 낳았고, 아이는 점점 더 억눌려 갔던 것이다.

자폐 아이가 말을 배우는 방식

부산에 살던 정윤이의 엄마는 치료를 위해 서울에 방을 얻어 생활하며 정윤이를 풀코스 치료에 참여시켰다. 주말에는 부산으로 내려가 아빠와 지내는 생활이 반복되었다.

치료수업을 시작한 지 6개월쯤 지나면서 정윤이는 단어들을 말하기 시작했다.

"과자 줘."

"물 줘."

이런 간단한 요청을 표현하는 말도, 엄마에게는 커다란 희망이었다. 그러나 정윤이가 말을 배우는 방식은 일반적인 언어습득 과정과는 달랐다. 정윤이의 말투는 단조롭고 기계적인 억양을 띠었으며, 음의 높낮이가 거의 없었다.

정윤이의 엄마는 정윤이가 내뱉는 단조로운 말투에 만족하지 못했다. 정윤이 엄마는 정윤이를 혼내며 바르게 말하도록 훈육했다.

"그렇게 말하면 안 돼! 더 제대로 말해야지!"

정윤이의 엄마는 아이의 속도를 기다리지 못하고, 완벽함을 강요했다. 이런 상황에서도, 정윤이는 치료를 잘 따라왔다.

수업 중 간단한 단어를 따라 하고, 자신의 속도로 천천히 배우려는 모습을 보였다.

나는 정윤이의 발전 가능성을 믿으며, 엄마에게도 여러 가지 코칭을 시도했다. 정윤이 엄마에게는 정윤이를 데리고 서울대공원에 자주 가서 걷게 하고, 함께 놀며 시간을 보내라는 숙제를 내주었다.

정윤이 엄마는 종종 "힘들어서 못 하겠어요."라고 하소연하면서도, 센터의 코칭을 절반 이상은 수행할 수 있도록 노력했던 것 같다. 그 노력 덕분에, 정윤이는 조금씩 성장하고 있었다.

부모의 언어가 아이에게 영향을 미친다

정윤이는 엄마의 감정을 고스란히 견뎌내는 모습을 보였다. 정윤이 엄마가 조금 더 감정을 자제하고 정윤이를 지켜봐주었다면 정윤이의 성장은 더 빠르고 건강했을지도 모른다.

나는 그런 정윤이 엄마에게 말했다.

"정윤이는 이만큼 성장할 수 있는 아이입니다. 하지만 엄마의 감정이 그 성장을 가로막고 있습니다. 어머님이 감정을 쏟아내는 걸 조금만 참으시면 정윤이는 이보다 더 잘할 수 있을 겁니다."

부모의 언어는 아이에게 얼마나 큰 영향을 미치는지 정윤이를 통해 다시 한 번 확인할 수 있었다.

긍정적인 말은 아이에게 자신감을 주고, 부정적인 말은 불안을 증폭시킨다.

정윤이는 엄마의 이러한 감정 표현 속에서도 힘겹게 앞으로 나아가고 있었지만, 여전히 불안이라는 무거운 짐을 지고 있었다.

코칭을 통해 변화하다

나는 정윤이 엄마에게 정윤이를 자폐라는 틀에서 벗어나 바라보도록 코칭을 시작했다.

"정윤이는 자폐 성향이 있을 뿐, 완전한 자폐는 아닙니다. 아이를 틀에 가두지 마세요."

"정윤이의 속도에 맞춰주세요. 조금 더 칭찬을 해보세요."

나는 엄마에게 야외에서 시간을 보내며 아이와 놀아볼 것을 제안했다.

"어머님, 많이 걸으세요. 많이 웃으세요. 정윤이가 즐길 수 있는 환경을 만들어주세요."

정윤이 엄마는 새로운 변화가 여전히 힘들다고 말은 했지만, 내가 준 과제를 조금씩 실천했다. 정윤이를 대하는 엄마의 태도는 그렇게 점차 변해갔고, 엄마는 정윤이를 조금씩 다시 바라보기 시작했다.

놀랍게도 정윤이의 변화는 엄마의 변화와 함께 찾아왔다.

그 이후부터, 정윤이가 놀라운 회복력을 보여준 것이다.

"엄마, 나 밥 줘."

처음으로 정윤의 입에서 문장이 나왔을 때, 엄마는 눈물을 보이며 말했다.

"이렇게 말하는 걸 듣다니, 정말 믿기지 않아요."

엄마와의 관계에서 흔들리던 정윤이는, 이제 칭찬과 격려를 통해 자신감을 얻기 시작한 것이다. 정윤이 엄마 역시 점차 정윤이를 자폐라는 틀에서 벗어나 바라보기 시작했다.

◈ 정윤이의 증상

언어 발화 지연 및 단조로운 말투
- 32개월에도 말을 하지 못했으며, 단어 발화 후에도 억양이 단조롭고 기계적인 느낌
- 감정을 담아 말하지 못하고, 음의 높낮이가 거의 없음
- 반복적인 상동 행동 및 자폐 성향
- 특정 행동을 반복하며, 환경 변화에 적응하기 어려움

부모의 과도한 개입으로 인한 정서적 억압
- 어릴 때부터 조기 치료를 강하게 진행하며, 아이의 속도를 고려하지 않음
- 아이가 엄마의 눈치를 심하게 보고 엄마는 아이에게 강한 피드백(훈육)을 주며 완벽한 발화를 강요함

엄마와의 불안정한 관계
- 아이가 무언가를 하기 전 엄마의 반응을 먼저 살피며 위축됨
- 엄마의 감정 기복에 따라 정윤이의 반응이 달라지는 모습

◆ 정윤이의 치료 방법

① 부모 교육을 통한 긍정적 언어 환경 조성

아이를 자폐라는 틀에서 벗어나 바라보기

- "정윤이는 자폐 성향이 있을 뿐, 완전한 자폐는 아닙니다. 아이를 틀에 가두지 마세요."
- 부모가 아이의 특성을 이해하고, 지나친 조기 개입을 줄이도록 지도.

부정적인 피드백 대신 칭찬과 격려 제공

- "그렇게 말하면 안 돼!" → "잘했어, 정윤아! 한 번 더 해볼까?"
- 긍정적인 반응을 유도하여 아이가 말하는 것에 대한 자신감 상승

부모의 감정 조절 지도

- "어머님이 감정을 조절하면 정윤이가 더 잘 성장할 수 있어요."
- 부모가 감정적으로 반응하는 대신, 아이의 속도를 인정하고 기다리는 태도 학습

② 자연스러운 언어 습득을 위한 환경 조성

자연 속에서 아이와의 놀이 추천

- "많이 걸으세요. 많이 웃으세요. 정윤이가 즐길 수 있는 환경

을 만들어주세요."
- 센터뿐만 아니라, 공원이나 야외에서 다양한 경험을 하도록 유도
- 강압적인 언어 교정 대신, 아이의 속도에 맞춘 학습
- "더 제대로 말해야지!" → 아이의 현재 수준을 인정하고 작은 발전에도 칭찬
- 무리한 교정 없이, 아이가 자연스럽게 말을 익히도록 유도

③ 아이의 자발적인 성장 촉진

따라 하기 중심의 언어 발달 훈련
- 처음에는 간단한 단어(예: "과자 줘")부터 시작하여 점차 문장 확장(예: "엄마, 나 밥 줘")
- 아이가 말할 때 즉각적인 칭찬과 반응을 통해 언어 사용의 동기 부여

정서적 안정감을 주기 위한 신뢰 형성
- 엄마가 정윤이를 기다려주면서 신뢰 관계가 회복됨
- 엄마가 바뀌자, 아이의 말하기 능력도 자연스럽게 향상됨

부모의 태도가 가져온 변화

정윤이의 이야기는 조기 진단과 치료가 중요하다는 점을 보여준다. 하지만 그것만으로는 충분하지 않다.

나는 정윤이의 사례를 통해 다른 얘기를 하고 싶다.

첫째, 부모는 아이의 치료사라는 것. 둘째, 긍정적인 언어와 태도는 아이의 불안을 낮추고, 성장의 속도를 올릴 수 있다는 것 말이다.

부모가 아이의 행동을 있는 그대로 받아들이고, 자폐라는 틀에서 벗어나 아이의 가능성을 믿는다면 아이는 억압에서 벗어나 자신의 속도로 성장할 수 있다.

부모의 변화는 곧 아이의 변화

수많은 부모들이 끈질긴 코칭 덕분에 점차 자신의 태도를 바꾸기 시작한다. 자폐인 아이를 다른 시선으로 바라보고 격려와 칭찬을 늘려가게 된 것이다.

많은 부모들이 코칭을 통해서 배우는 것은 "잘했어, 다음엔 조금 더 해보자"라는 말을 아이에게 건넬 수 있게 되었다는 점이다.

이런 부모의 태도 변화와 함께, 자폐 아이들의 치료 속도는 조금 더 빨라진다. 말투도 부드러워지고, 주변 사람과의 상호 작용도 늘어난다.

이 책에 나오는 모든 치료 사례는 부모와 아이가 함께 성장해야 한다는 메시지를 전달한다. 부모가 아이에게 보내는 메시지는 단순한 말이 아니다. 그것은 아이에게 안전과 사랑을 전달하는 매개체라는 점을 기억하자.

아이를 키우는 과정에서, 부모의 역할이 얼마나 중요한지를 다시금 깨닫게 된다. 아이의 불안을 줄이고, 성장의 가능성을 넓히기 위해서는 부모 스스로도 배우고 변화해야 한다.

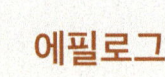
에필로그

희망으로 가는 다리가 되고 싶습니다

어떤 아이는 처음 센터에 발을 들였을 때, 모든 것을 경계하며 문밖에서 망설였습니다. 또 어떤 아이는 조용히 문틈 사이로 방을 엿보다 끝내 들어오지 못했지요.

아이들이 가지고 온 불안은 각기 다른 색깔과 결을 띠고 있었습니다. 어떤 아이는 소리 없이 울며 불안을 드러냈고, 어떤 아이는 고함을 지르며 세상에 맞섰습니다.

그 불안은 어디서부터 왔을까요?
부모와의 오해에서, 사회가 아이를 바라보는 시선에서, 그리고 무엇보다 "자폐"라는 틀 속에 아이를 가둔 세상의 편견에서 비롯된 것은 아니었을까요?

이 책을 통해, 저는 부모들이 아이들이 보낸 신호를 읽는 방법을 배우기를 바랍니다. 수많은 아이들이, 누군가는 침묵 속에서, 누군가는 울음과 행동 속에서 "나를 이해해줘!"라고 외치고 있습니다.

아이들의 눈빛은 늘 말하고 있지요. "나는 이 세상에 태어났고, 나도 다른 사람과 함께 살아가고 싶다"고요.

저는 지난 20여년 간의 상담을 통해, 아이들이 작은 변화를 통해 자폐 치유의 가능성을 보았습니다. 한 아이가 처음으로 엄마를 안아주었을 때, 또 다른 아이가 선생님의 말을 따라 작은 단어를 말하였을 때, 아이들 속에 감춰져 있던 커다란 잠재력을 확인했습니다.

이 모든 사례에서 공통적으로 느낄 수 있었던 것은, 부모의 태도가 아이에게 얼마나 중요한 영향을 미치는지였습니다.

어떤 부모는 아이를 있는 그대로 사랑하려고 애썼고, 또 어떤 부모는 자신의 감정을 추스르지 못해 아이와 갈등을 겪기도 했습니다. 그럼에도 불구하고, 대부분의 부모는 아이를 위해 변화를 선택했습니다.

"부모가 변하면 아이가 변한다."

이 단순한 진리는 이 책에서 다룬 모든 이야기를 관통하는 메시지입니다. 부모가 아이를 있는 그대로 받아들이고, 사랑하며 기다릴 때, 아이들은 스스로의 속도로 성장할 수 있습니다.

우리는 더 나은 세상을 꿈꿉니다.
이 책은 단순히 자폐 아이들의 치료 이야기가 아닙니다. 불안 속에 갇힌 아이들이 자신을 찾아가는 여정이자, 부모와 사회가 그 여정을 함께 걸어가며 만들어내는 성장의 기록이기도 합니다.
자폐 치료에 관해서는 여전히 정답지 같은 건 존재하지 않습니다. 우리는 여전히 완벽한 답을 찾지 못했습니다. 그러나 한 가지 확실한 것은,

아이들의 가능성은 끝이 없다는 것입니다.

아이들은 스스로의 목소리를 내고, 세상과 소통하며, 그들만의 방식으로 살아갈 수 있는 세상을 꿈꿉니다.

아이들은 여전히 불안을 가지고 이곳 저희 센터를 찾아옵니다. 그러나 우리는 압니다. 그 불안 속에 숨겨진 가능성을 말이죠.

우리는 그 불안을 넘어서 희망의 씨앗을 심습니다. 그리고 믿습니다. 언젠가 그 씨앗이 자라, 아이들의 웃음과 목소리로 세상을 가득 채울 날이 올 것이라는 걸요.

그 작은 발걸음이 만들어낸 변화의 기록을 마칩니다. 하지만 이제부터가 진짜 시작임을 저는 알고 있습니다. 이제, 불안은 희망으로, 그리고 그 희망은 아이들의 새로운 내일로 이어질 것입니다.

2025년 화성 센터에서
저자 최수아 드림